# Vorwort



Montagfrüh in der Firma auf dem Flur sagt eine Kollegin zu Ihnen: »Tollen Film gestern im Kino gesehen. Du kamst übrigens auch drin vor.«

Sie lachen, schütteln den Kopf. »Doch, doch«, beteuert sie, »verblüffend getroffen, so vom Typ her.«

Sie sind verunsichert: »Was, äh…«, aber da ist die Kollegin schon fast vorbei und setzt noch einen drauf: »Und Deine Familie! Interessant, wirklich. Vieles wusste ich noch gar nicht.«

Ihnen wird heiß um die Stirn. »Quatsch!«, rufen Sie ihr hinterher, wollen nachfragen, glauben es nicht, gehen irgendwann zur Tagesordnung über, lenken sich ab. Aber lässt es Sie in Ruhe? Ich vermute, noch am selben Abend sitzen Sie im Kino.

Willkommen in der Bibel. 66 Bücher und Briefe aus zwei Jahrtausenden. Aber: Sie kommen auch drin vor. In Personen, Ereignissen und Überlegungen, mit denen sich Frauen und Männer aller Kulturen und sozialen Schichten identifizieren können. Weil es Texte sind, denen nichts Menschliches fremd ist.

Und nichts Göttliches. Weil die Bibel Ihre Geschichte, Ihre Gedanken und Gefühle, Ihre Hoffnungen und Befürchtungen exemplarisch erzählt.

Nicht nur Ihre. Meine auch.

Die 111 wichtigsten Szenen, Dialoge, Geheimnisse, Skandale und Konflikte der Bibel sollte man kennen. Wenn man sich selbst und andere besser kennenlernen möchte. Viel Spaß und Staunen beim Stöbern wünsche ich Ihnen.

*Andreas Malessa*

# 111 Bibeltexte

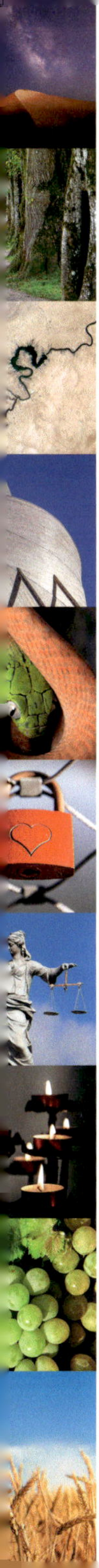

# 1 Aller Anfang ist …

*Ein Wort schafft Wirklichkeit*

Und das soll man glauben? Mal ganz peu à peu: »Am Anfang« – da denken wir an einen chronologischen Beginn und fragen: »Wann und wie?« Durch den Urknall? Vor zig Milliarden Jahren? Als ein dimensionsloser Punkt reiner Energie in einer 10-hoch-minus-43stel Sekunde explodierte und sich die herumfliegenden Brocken nach Größe, Gravitation, Entfernung zur Sonne und Neigungswinkel exakt so positionierten, dass die chemischen Stoffe auf diesem Planeten ein gemäßigtes Klima und schließlich biologisches Leben ermöglichten? – Keine Ahnung. Das mag ja alles astrophysikalisch erklärbar sein, aber ein »Wunder« ist es irgendwie trotzdem, finde ich.

1. Mose/Genesis 1 ist eine Erzählung, die an den qualitativen Beginn denkt und fragt: »Wer und warum?« Der Text wurde aus dem Hebräischen ins Lateinische übersetzt, und da gibt es zwei Wörter für »Beginn«: »Initium«, das ist der zeitliche Anfang (»Ergreif doch mal die Initiative!«). Und »Principium«, das ist der ursächliche Anlass (»grundsätzlich, prinzipiell«). Welcher steht hier? »*In principio* creavit Deus …«! Statt einer Datierung mit Chronologie gibt's eine Botschaft: *Gott* ist der Grund, warum es die Welt gibt! *Gottes Reden* lässt Leben entstehen. Alles beginnt, wenn aus Geist Materie wird, aus einer Idee eine physische Wirklichkeit.

Na gut. Aber so, wie es da steht, kann's ja nicht gewesen sein, oder? Schöne Grüße von der Astronomie, der Geologie, den Evolutionsbiologen …! – Als Naturforscher Charles Darwin 1859 sein Buch »Von der Entstehung der Arten« veröffentlichte, beendete er es mit den Worten: »Es liegt Größe in dieser Sicht des Lebens mit seinen Kräften, die anfangs durch den Schöpfer in einige wenige Formen hineingeatmet wurden, und, dass aus so einfachen Anfängen endlos schönste und wundervollste Formen entwickelt wurden und noch werden.«

»Durch den Schöpfer hineingeatmet« – das trifft es, finde ich.

Am Anfang schuf Gott Himmel und Erde. Und die Erde war wüst und leer, und Finsternis lag auf der Tiefe; und der Geist Gottes schwebte über dem Wasser. Und Gott sprach: »Es werde Licht!« Und es ward Licht. Und Gott sah, dass das Licht gut war. Da schied Gott das Licht von der Finsternis und nannte das Licht Tag und die Finsternis Nacht. Da ward aus Abend und Morgen der erste Tag.

# 2 Als Gott den Mann schuf …

*… übte sie erst?*

Wie viele Jahrhunderte lang wurde – und wie oft wird heute noch – dieser Text als Begründung benutzt, um Frauen als nach- und untergeordnet herabzusetzen! Vielleicht entstanden deshalb so viele Witze darüber. Fragt der Macho: »Warum schuf Gott die Frau aus der *Rippe* des Mannes statt aus seinem *Gehirn?*« Antwort der Feministin: »Er wollte ja, aber er fand keins!« Dabei steht im Kapitel vorher, Gott sei ebenso weiblich wie männlich und habe Mann und Frau »nach seinem Bilde« geschaffen (1. Mose/Genesis 1,26–27). Diese Gottebenbildlichkeit aller (!) Menschen verbietet jeglichen Sexismus oder Rassismus. Weil der Mensch ein »Ebenbild« Gottes ist, hat er Menschenwürde. Und die ist »unantastbar«, sagt sogar das deutsche Grundgesetz. Wert und Würde eines Menschen hängen also weder vom Geschlecht noch von Bildung oder Besitz ab. Niemand darf hinter- und untereinander sortiert werden.

Nun gut, das Bild von Gott als einem lehmknetenden Skulpteur mag naiv aussehen. Die Botschaft *hinter* der poetischen Erzählweise aber würde jede moderne Paartherapeutin vermutlich unterschreiben: Kein Mensch ist für die Einsamkeit geschaffen. Kein Tier kann ihm ein wirkliches Gegenüber auf Augenhöhe sein. Die Entdeckung des anderen Geschlechts als gleich und doch anders ist etwas sehr, sehr Schönes. Abnabelung von der Herkunftsfamilie, Reifung zu einer selbstständigen Person ist ein natürlicher Prozess für das seelische und körperliche Einswerden von zwei Erwachsenen. Und das Beste am Schluss: »Sie schämten sich nicht.«

Wie oft sagen wir entschuldigend »Ich bin ja *bloß* …«? Eine Ungelernte, ein Ausländer, ein Kind aus schwierigen Verhältnissen? Weil wir Angst vor Bloßstellung haben. 1. Mose/Genesis 2 widerspricht: Frau und Mann geben sich mit ihrem Geschlecht keine Blöße. Niemand muss sich für Liebe und Treue schämen.

Und Gott der Herr sprach: »Es ist nicht gut, dass der Mensch allein sei; ich will ihm eine Hilfe machen, die ihm entspricht.« Da ließ Gott der Herr einen tiefen Schlaf fallen auf den Menschen, und er schlief ein. Und er nahm eine seiner Rippen und schloss die Stelle mit Fleisch. Und Gott der Herr baute eine Frau aus der Rippe, die er von dem Menschen nahm, und brachte sie zu ihm. Da sprach der Mensch: »Die ist nun Bein von meinem Bein und Fleisch von meinem Fleisch; man wird sie ›Männin‹ nennen, weil sie vom Manne genommen ist.« Darum wird ein Mann seinen Vater und seine Mutter verlassen und seiner Frau anhangen, und sie werden sein ein Fleisch. Und sie waren beide nackt, der Mensch und seine Frau, und schämten sich nicht.

# 3 Kein Wort vom Apfel …

*… aber von falschen Versprechen*

Nur 14 Verse erzählen knapp und einfach, womit kluge Denker jahrhundertelang ganze Bibliotheken vollschrieben: Philosophie, Psychologie, Theologie, Ethik – lauter abstrakte Themen werden anschaulich personalisiert: Auch im Paradies gibt es das Böse. Warum und woher? Kein Wort dazu. Schade.

Und was flüstert diese »Schlange«? – Du bist mit Wahlfreiheit ausgestattet, ja, und trägst damit Verantwortung für deine Entscheidungen, schon recht, und die können tödliche Konsequenzen haben, leider, ja. Aber nicht alles tun zu *dürfen,* was man doch tun *könnte,* ist doch bloß die Bevormundung eines moralinsäuerlichen Gottes, oder?

Nein, wissen wir inzwischen. »Übermenschen« und »Herrenmenschen«, die Gut und Böse autonom definierten, haben anderen die Hölle auf Erden angerichtet. Von Kaiser Nero über Adolf Hitler bis zu Josef Stalin oder Idi Amin. Nein, seit der Erfindung der Atombombe wissen wir sogar, dass es zwar schön und »verlockend«, aber nicht »klug« ist, alles zu tun, nur weil man es kann. Das Böse zweifelt die wohlmeinende Absicht des Verbots an und gibt es falsch wieder (»nicht essen von *allen* Bäumen?«), leugnet die Folgen (»keineswegs sterben«) und verspricht Unhaltbares (»werdet sein wie Gott!«). Aber was kommt statt allwissender Klugheit, moralischer Autonomie und göttlicher Genialität? Scham, Angst, Versteckspiel und Schuldzuweisungen (»Die Frau, die *du* mir zugesellt hast, gab mir …«). Na danke schön.

Wenn »Nacktheit« mal nicht der unbedeckte Abstand zwischen Bauchnabel und Kniescheibe ist, sondern der unüberbrückbare Abstand zwischen Ich-Ideal und Ich-Realität – dann schämen sich Männer und Frauen dafür, dass sie nicht sind, wer sie sein könnten. Dass sie nicht das gewollte Gute, sondern das ungewollte Böse auslösen. In der Erziehung, in der Ehe, im Job, in der Politik. Von einem »Apfel« oder einem »Sündenfall« ist im Text nicht die Rede.

Und die Schlange war listiger als alle Tiere auf dem Felde, die Gott der Herr gemacht hatte, und sprach zu der Frau: »Ja, sollte Gott gesagt haben: ›Ihr sollt nicht essen von allen Bäumen im Garten.‹?« Da sprach die Frau zu der Schlange: »Wir essen von den Früchten der Bäume im Garten; aber von den Früchten des Baumes mitten im Garten hat Gott gesagt: ›Esset nicht davon, rühret sie auch nicht an, dass ihr nicht sterbet!‹« Da sprach die Schlange zur Frau: »Ihr werdet keineswegs des Todes sterben, sondern Gott weiß: an dem Tage, da ihr davon esst, werden eure Augen aufgetan, und ihr werdet sein wie Gott und wissen, was gut und böse ist.«
Und die Frau sah, dass von dem Baum gut zu essen wäre und dass er eine Lust für die Augen wäre und verlockend, weil er klug machte. Und sie nahm von seiner Frucht und aß und gab ihrem Mann, der bei ihr war, auch davon, und er aß. Da wurden ihnen beiden die Augen aufgetan, und sie wurden gewahr, dass sie nackt waren, und flochten Feigenblätter zusammen und machten sich Schurze.

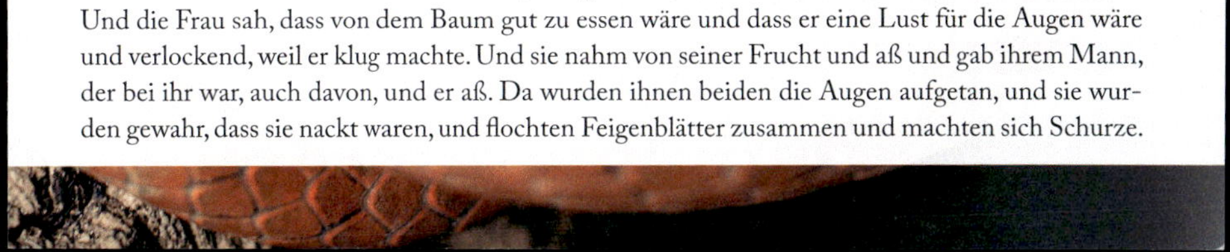

# 4 Mord aus Eifersucht

*Trotzdem weiterleben dürfen*

Solange alle gesund und wohlhabend sind, fällt Dankbarkeit leicht. »Ich will etwas zurückgeben«, sagen die Glücklichen dann und gründen Stiftungen, engagieren sich ehrenamtlich, spenden hohe Beträge. Solches »Dank-Opfer bringen« gibt's in allen Religionen und Kulturen.

Blöd nur, wenn die Geschenke nicht angenommen, die »Opfergaben« nicht gewürdigt werden. Passiert bis heute jeden Tag: »Vom Munde abgespart haben wir uns das Auslandsstudium unserer Tochter! Und? Sie hat's abgebrochen und kellnert jetzt!« »Jahrelang habe ich meine Mutter gepflegt, und was stand im Testament? Nix gibt's!« Aus Enttäuschung wird Wut. Aus Wut Gewalt.

Waren in der Frühzeit die Viehzüchter erfolgreicher als die Pflanzer? Biblisch erzählt: Mochte Gott das Grillfleisch des Abel lieber als das Obst des Kain? Dass der gekränkt ist und neidisch wird auf seinen Bruder, versteht man gut. Seine Perspektive »senkt« sich, das heißt, er hat kein erhebendes Fernziel mehr im Blick, sondern sieht nur das, was ihm auf die Füße gefallen ist. Gekränktsein, Eifersucht und Neid – wie lauernde Raubtiere vor der Tür – lassen sich »beherrschen«. Aber diese Selbstbeherrschung verliert Kain. Und ermordet seinen Bruder.

Dass vergossenes Blut »zum Himmel schreit« und weder verstummt noch verjährt, weiß jeder Kriminalbeamte. Dass wir füreinander verantwortlich und rechenschaftspflichtig sind, wissen alle, die Familie haben. Dass ein Schuldiger lebenslang auf der Flucht bleibt – schlimmstenfalls vor sich selbst –, wissen Therapeuten und Theologen. Dass Gott die Strafe für den Mörder einschränkt und per Schutzausweis dafür sorgt, dass er weiterleben darf – das verstehen wohl nur Juristen.

Aber dass Gott kackfreche Ausreden nicht gelten lässt (»soll ich meines Bruders Hüter sein?«) – das müssen wir als weltweite Menschheitsfamilie noch lernen.

Es begab sich aber, dass Kain dem Herrn Opfer brachte von den Früchten des Feldes. Und auch Abel brachte von den Erstlingen seiner Herde. Und der Herr sah gnädig an Abel und sein Opfer, aber Kain und sein Opfer sah er nicht gnädig an. Da ergrimmte Kain sehr und senkte finster seinen Blick. Da sprach der Herr zu Kain: »Warum ergrimmst du? Und warum senkst du deinen Blick? Ist's nicht so: Wenn du fromm bist, kannst du frei den Blick erheben. Bist du aber nicht fromm, lauert die Sünde vor der Tür; du aber herrsche über sie.« Und es begab sich, als sie auf dem Felde waren, erhob sich Kain wider Abel und schlug ihn tot.
Da sprach der Herr zu Kain: »Wo ist dein Bruder Abel?« Er sprach: »Ich weiß nicht; soll ich meines Bruders Hüter sein?« Er aber sprach: »Was hast du getan? Die Stimme des Blutes deines Bruders schreit zu mir von der Erde. Verflucht seist du auf der Erde. Unstet und flüchtig sollst du sein.« Kain aber sprach: »So wird mir's gehen, dass mich totschlägt, wer mich findet.« Aber der Herr sprach zu ihm: »Nein, sondern wer Kain totschlägt, das soll siebenfältig gerächt werden.« Und der Herr machte ein Zeichen an Kain, dass ihn niemand erschlüge, der ihn fände.

# 5 Vor uns die Sintflut

*Zerstörer und Retter zugleich?*

Von todbringenden Flutkatastrophen erzählen seit der frühen Steinzeit Funde und Texte aus dem Irak, aus Griechenland, China, Australien und der Südsee. Auffällig an der biblischen Version ist: Worin genau die »Bosheit« der Ertrunkenen bestand, wird gar nicht beschrieben. Stattdessen gibt's ein skandalöses Gottesbild: Gott bereut es, die Menschen geschaffen zu haben? Er beschließt die Totalvernichtung der Welt, sorgt sich dann aber detailliert um das Überleben von Mensch und Tier? Solche sehr »vermenschlichten« Gottesvorstellungen sind typisch für die Bibel, aber befremdlich für uns heute.

Wer ist eigentlich der Held dieser Geschichte? Noah sagt drei Kapitel lang kein Wort. Umso redseliger unsere Umgangssprache: Er »bohrt dicke Bretter« für eine »Arche Noah«, bevor »alles den Bach runtergeht«, er macht aber gegenüber den Nachbarn »die Schotten dicht« und »lässt sie im Regen stehen«, wenn ihnen »das Wasser bis zum Hals steht« – ein mitleidsvoller Seenotretter ist Noah nicht.

Trotzdem sind im jüdisch-christlich-westlichen Sprachgebrauch alle Zufluchtsorte, Rettungsinseln, Artenschutzgebiete und Reservate irgendwie eine »Arche« geworden. Der Film »Schindlers Liste« – die Geschichte eines deutschen Unternehmers, der Juden vor den Nazimördern rettete – hieß im Original »Schindler's Ark«. Mit Sigmund Freud und C. G. Jung möchte man kalauern: Noah ist der »Arche-Typ« des bergenden, rettenden Helfers in Lebensgefahr.

Der wirkliche »Held« dieser Geschichte? Eine Figur, die »alles kurz und klein schlagen« möchte vor Wut, wenn sein Projekt gescheitert ist. Ein verantwortungsloser, »nach uns die Sintflut!« rufender Resignierter, der sich aber wandelt, als er genauer hinschaut. Der vom Zerstörer zum Konstrukteur wird und vom Retter zum Bündnisstifter, wie wir gleich sehen werden.

Der Herr sah, dass die Bosheit der Menschen auf der Erde zugenommen hatte. Den ganzen Tag lang hatten sie nur Böses im Sinn. Da bereute es der Herr, dass er die Menschen auf der Erde gemacht hatte. Er war zutiefst betrübt. Der Herr sprach: »Ich will die Menschen, die ich erschaffen habe, wieder von der Erde auslöschen. Denn ich bereue, dass ich sie gemacht habe.«

Noah aber fand Gnade beim Herrn. Noah war ein gerechter Mann und tadellos – im Gegensatz zu seinen Zeitgenossen. Er führte ein Leben in enger Beziehung zu Gott. Da sagte Gott zu Noah: »Bau dir ein Schiff, eine Arche, aus Nadelholz! Denn ich will eine Sintflut über die Erde hereinbrechen lassen. Sie soll alles unter dem Himmel vernichten, in dem der Lebensatem ist. Alles, was auf der Erde ist, soll umkommen. Doch mit dir schließe ich einen Bund: Geh in die Arche – zusammen mit deinen Söhnen, deiner Frau und den Frauen deiner Söhne.«

# 6 Einen Bund stiften mit Buntstiften

*Ein Logo für die Ewigkeit*

Sonnenlicht scheint durch Regen, es erscheinen die Spektralfarben, das ist Physik für Siebtklässler. Scheinbar. Denn Bogen und Pfeil in der Hand eines antiken Kriegers waren eine tödliche Waffe. Wenn ein Machthaber – eben noch zu absoluter Zerstörung fähig – plötzlich sagt »Meinen Bogen habe ich in die Wolken gesetzt« – wir sagen »an den Nagel gehängt« –, dann ist das ein Friedensschluss. Dann ist ein »Bund« gestiftet, mit himmlischen Buntstiften. Ein Vertrag, der den Krieg gegen die Menschen und den der Menschen gegen die Natur beendet. Diesen Bund schließt Gott auch mit »allem lebendigen Getier« und »mit der Erde«. Nicht nur der Mensch, auch alle Lebewesen und Stoffe sind Vertragspartner auf Augenhöhe? Sensationell ökologisch im 5. Jahrhundert vor Christus, oder?

Die göttlich verbürgte Kontinuitätsgarantie hat ein einfaches, geniales Siegel. Ein ständig wiederkehrendes, geradezu lebendiges Symbol. Vertragsdokumente kann man verbrennen, Nationalfahnen auch, Militärorden und Parteiabzeichen kann man abreißen, Tempel und Paläste in die Luft jagen. »Einen Regenbogen könnt ihr nicht versenken«, konterte »Greenpeace«, als französische Soldaten 1985 das Schiff »Rainbow Warrior« in Auckland/Neuseeland versenkten und dabei den Fotografen Fernando Pereira töteten.

Bis heute gibt es in Regierungen, Konzernen und Kirchen Leute, die Gottes Friedensschluss mit der Schöpfung und jeder Sorte Mensch heftig leugnen. Christen, die sich ärgern, dass der Regenbogen zum tausendfachen Symbol geworden ist für Umweltschützer, Menschenrechtler, Friedensaktivisten und Freiheitskämpfer. Die zeitlos aktuelle Frage aber bleibt: Wollen wir Menschen das tun, was Gott versprochen hat, nie mehr zu tun? »Saat und Ernte, Frost und Hitze, Sommer und Winter, Tag und Nacht« als lebensnotwendigen Rhythmus zu zerstören?

Gott sprach: »Solange die Erde steht, soll nicht aufhören Saat und Ernte, Frost und Hitze, Sommer und Winter, Tag und Nacht. Das ist das Zeichen des Bundes, den ich geschlossen habe zwischen mir und euch und allem lebendigen Getier bei euch auf ewig: Meinen Bogen habe ich gesetzt in die Wolken; der soll das Zeichen sein des Bundes zwischen mir und der Erde. Und wenn es kommt, dass ich Wetterwolken über die Erde führe, so soll man meinen Bogen sehen in den Wolken. Alsdann will ich gedenken an meinen Bund zwischen mir und euch und allem lebendigen Getier unter allem Fleisch, dass hinfort keine Sintflut mehr komme, die alles Fleisch verderbe.«

# 7__Die Blabla-Bauruine

*Hoch hinaus und nichts erreicht*

Blitzschnell war der Berliner Großflughafen fertig, im Vergleich dazu: Von 1200 bis 600 vor Christus werkelten Sumerer, Assyrer und Babylonier im Südirak an einem »Zikkurat«, einem Turm mit Tempel drauf für ihren Gott Marduk, und ernteten 18 Generationen lang Spott für die Bauruine. Dass sich Völker mit steingewordenen Machtsymbolen »einen Namen machen« wollen, hat sich bis heute nicht geändert: Das welthöchste Gebäude (Stand 2021), der »Burj Khalifa« in Dubai, ist 828 Meter hoch und soll die Wirtschaftskraft der Stadt, wohl auch den »überragenden« Islam, demonstrieren. Die Zerstörung der Zwillingstürme in New York am 11. September 2001 wurde folgerichtig als »Demütigung aller Amerikaner« verstanden.

Aber: Als die nach Babylonien verschleppten jüdischen Exilanten mit einer Erzählung zu erklären versuchen, warum es so viele Sprachen gibt, da hat dieser Turm gar keinen Tempel obendrauf, bewacht offenbar als Wehrturm eine Stadt, und Gott zerstört weder den Turm noch die Stadt! Stattdessen blitzt Spott zwischen den Zeilen auf: Das Machtsymbol soll »bis an den Himmel reichen«, aber um es zu sehen, muss Gott »vom Himmel herniederfahren«. Entweder ist er kurzsichtig oder eben doch jene 46,6 Milliarden Lichtjahre entfernt, die das – heute beobachtbare – Universum in jeder Richtung groß ist. Und ein Lichtjahr, nur zur Erinnerung, sind 9,46 Billionen Kilometer …

Was hat Gott gegen »himmelstürmende« Architekten, meine Güte? Nichts. Aber immer wenn Genies »nach den Sternen greifen«, ist die Anmaßung im Spiel, nun sei »uns nicht mehr verwehrt, alles zu tun«! Dieser totalitäre Autonomie-Anspruch, dieses »Herrenmenschentum«, hat noch immer in moralische Katastrophen geführt. Woher also kommt die Bedrohung, gegen die Wehrtürme und Stadtmauern machtlos sind? Aus der Unfähigkeit, sich zu verständigen. Aus einer »babylonischen« Sprachverwirrung, aus dem Nicht-Verstehen-Können der Menschen untereinander. Sogar, wenn alle Deutsch könnten.

Es hatte aber alle Welt einerlei Zunge und Sprache. Und sie sprachen untereinander: »Wohlauf, lasst uns eine Stadt und einen Turm bauen, dessen Spitze bis an den Himmel reiche, dass wir uns einen Namen machen; denn wir werden sonst zerstreut über die ganze Erde.«
Da fuhr der Herr hernieder, dass er sähe die Stadt und den Turm, die die Menschenkinder bauten. Und der Herr sprach: »Siehe, es ist einerlei Volk und einerlei Sprache unter ihnen allen, und dies ist der Anfang ihres Tuns; nun wird ihnen nichts mehr verwehrt werden können von allem, was sie sich vorgenommen haben zu tun. Wohlauf, lasst uns herniederfahren und dort ihre Sprache verwirren, dass keiner des andern Sprache verstehe!« So zerstreute sie der Herr von dort über die ganze Erde, dass sie aufhören mussten, die Stadt zu bauen.

# 8 Blindlings irgendwohin?

*Abraham und das Urvertrauen*

Dabei war doch schon sein Vater nicht da angekommen, wo er eigentlich hinwollte: Aus der heute südirakischen Stadt Ur zog er ins nordostsyrische Haran statt an die fruchtbare Riviera des östlichen Mittelmeers (1. Mose/Genesis 11,31)! Warum also sollte Abraham (der hier noch Abram heißt) tun, was ihm eine (noch unbekannte?) Stimme sagt: »Brich auf, zieh weg!« Wohin genau? »Das zeig ich dir noch.«

Aber Abraham macht's! Mit Frau und Neffe, mit Sack und Pack, mit seinen Viehherden und allen Angestellten. Einzig auf Gottes Zusage hin, gesegnet zu sein und ein Segen zu werden für alle? Tatsächlich: Abraham kommt da an, wo sein Vater hinwollte: In »Kanaan«.

Nur fünf Verse markieren das Urdatum des Judentums. Bisher war nur von »den Menschen« die Rede, jetzt aber soll »ein Volk« entstehen. Erkennbar daran, dass sie keine ortsfesten Lokalgottheiten mehr verehren, sondern einem unsichtbar mitwandernden Gott vertrauen. Der sie mit Zusagen motiviert, zu denen er sich verpflichtet: viele Kinder, eigenes Land, großer Segen für alle. Seit Abrahams Aufbruch (vermutlich zwischen 1700 und 1686 vor Christus) bedeutet »glauben« nie mehr ein bloßes »Fürwahrhalten« vorgegebener Unbeweisbarkeiten, sondern ein »festes Vertrauen«, eine »konkrete Zuversicht«, eine »aktive Gewissheit« über das Segen- und Treue-Versprechen Gottes.

Abraham soll nicht »irgendwie religiöser« werden, sondern Gott ruft ihn – und er verlässt sich drauf. Der Glaube ist eine vertrauensvolle Antwort.

Rund 70-mal wird Abraham in den Büchern und Briefen der ersten Christen, im Neuen Testament, als »Vater« oder »Vorbild« des Glaubens gelobt. Auch der Koran beruft sich auf sein Gottvertrauen, weshalb man von »drei abrahamitischen« Religionen spricht.

Der Herr sagte zu Abram: »Verlass dein Land, deine Verwandtschaft und das Haus deines Vaters! Geh in das Land, das ich dir zeigen werde! Ich will dich zum Stammvater eines großen Volkes machen. Ich will dich segnen und deinen Namen groß machen, sodass du ein Segen sein wirst. Ich werde die segnen, die dich segnen. Wer dir aber Böses wünscht, den werde ich verfluchen. Alle Völker der Erde sollen durch dich gesegnet werden.« Da ging Abram los, wie der Herr es ihm befohlen hatte. Lot ging mit ihm.
Abram war 75 Jahre alt, als er Haran verließ. Er nahm seine Frau Sarai mit und Lot, den Sohn seines Bruders. Auch ihr ganzes Hab und Gut nahm er mit. Dazu kamen die Leute, die sie in Haran hinzugewonnen hatten. So brachen sie auf, um in das Land Kanaan zu gehen.

# 9 Wessen Kind ist das nun?

*Eine Sklavin gewinnt Ansehen*

»Nennt mich Ismael«, so beginnt Herman Melvilles berühmter Roman »Moby Dick«, und der Walfänger Käpt'n Ahab ist damit sofort beschrieben: wüst, kämpferisch, herrisch.

Kinderkriegen und Sicherung der Erbfolge sind für Nomaden so überlebenswichtig, dass die unfruchtbare Sara ihrem Mann bedenkenlos die Sklavin Hagar als eine Art »Leihmutter« unterschiebt. Aber: Hagars Stolz und Saras (die hier noch Sarai heißt) Neid verursachen so viel Zickenkrieg, dass die Schwangere flieht. In die Wüste. Aber wo soll sie da das Kind gebären? Ein Engel findet sie, tröstet sie – »der Herr hat dich gehört, als du ihm deine Not geklagt hast« – und macht ihr ein unerwartetes Versprechen: Deine Nachkommen werden ein großes Volk werden! Huch? Bezog sich Gottes Verheißung an Abraham (1. Mose/Genesis 12,2) also auch auf den halb legitimen Sohn einer Magd? Obwohl er »wie ein Wildesel sein wird und mit allen im Streit liegen wird«?

Alle arabischen Völker – das sind im 21. Jahrhundert rund 200 Millionen Menschen! – betrachten den erstgeborenen Sohn Abrahams als ihren Stammvater. Dieser Ismael – und nicht der spätere Isaak – sei beinah geopfert worden (1. Mose/Genesis 22), woran Muslime bei ihrem Opferfest erinnern. *Seine* Bereitschaft zu absoluter Unterwerfung und Hingabe habe den »Islam« angekündigt, und *er* habe die Kaaba in Mekka als heiligsten Ort der Muslime ausgewählt.

Ein »Engel«, ein Bote Gottes, gibt Hagar Trost, Aufwertung und Zukunftsvision. Aber Hagar selbst gibt Gott einen Namen und spricht ihn direkt an: »Du bist ein Gott, der nach mir sieht.« Für Abraham, den Erzeuger ihres Kindes, und für ihre Chefin Sara war sie nur Mittel zum Zweck. Für Gott ist sie eine angesehene (!) Ansprechpartnerin seiner Pläne. Wir heute sagen dazu: Wertschätzung. Was bis heute zwischen Arabern und Israelis, Judentum und Islam friedensförderlich wäre, oder?

Abrams Frau Sarai hatte keine Kinder bekommen. Sarai sagte zu Abram: »Der Herr hat mir Kinder verweigert. Geh doch zu meiner Magd Hagar! Vielleicht kann ich durch sie ein Kind bekommen.« Abram hörte auf Sarai. Er schlief mit Hagar. Als sie merkte, dass sie schwanger war, sah sie auf ihre Herrin herab. Da sagte Sarai zu Abram: »Mir geschieht Unrecht, und du bist schuld. Kaum ist sie schwanger, sieht sie auf mich herab.« Abram antwortete Sarai: »Sie ist deine Magd. Mach mit ihr, was du für richtig hältst.« Daraufhin behandelte Sarai ihre Magd so schlecht, dass diese ihr davonlief. Und ein Engel des Herrn fand Hagar an einer Wasserquelle in der Wüste. Und er sagte zu ihr: »Ich werde deine Nachkommen so zahlreich machen, dass man sie nicht zählen kann. Du bist schwanger und wirst einen Sohn zur Welt bringen. Den sollst du Ismael, ›Gott hat gehört‹, nennen. Denn der Herr hat dich gehört, als du ihm deine Not geklagt hast. Dein Sohn wird heimatlos sein wie ein Wildesel. Er wird mit allen im Streit liegen und getrennt von seinen Brüdern wohnen.« Hagar gab dem Herrn, der mit ihr geredet hatte, den Namen El-Roi, das heißt: Gott sieht nach mir.

# 10 Sie lacht, sie lügt …

*Wer hätte das gedacht!*

Dreh- und Angelpunkt des Films »Der Name der Rose« – Sean Connery in der Verfilmung des Romans von Umberto Eco – ist das Lachverbot des grässlichen Mönchs Jorge von Burgos: »Risui abstinuit!« – »Lach nicht!« Jahrhundertelang hielten manche Bibelleser Gelächter für gotteslästerlich. Es sei doch bezeichnend, fand zum Beispiel Kirchenvater Augustinus, dass Neugeborene nicht lachend, sondern weinend auf die Welt kämen! Als wüssten sie schon, was sie erwartet. Autsch! Und alles wegen dieser Geschichte:

Mit der Verheißung Gottes, Abraham werde Stammvater eines »großen Volkes« werden (1. Mose/Genesis 12,1), war's wohl nix: Er und seine kinderlose Sara sind jenseits jeglicher sexuellen Funktionsfähigkeit, da besuchen drei Männer die steinalten Leutchen – für Theologen: Alle drei werden als der eine »Herr« bezeichnet? –, bekommen orientalisch üppig zu essen und sagen beim Nachtisch: Sara wird ein Kind bekommen! Kein guter Witz. Sara muss bitter auflachen, als sie das durch die Zeltwand hört.

Unfruchtbarkeit war (und ist in den meisten Regionen der Welt bis heute) ein schwerer gesellschaftlicher Makel, eine Demütigung, ein Synonym für Zukunftslosigkeit. 30 Jahre Weinen stecken in diesem kurzen Auflachen, aber als Sara darauf angesprochen wird und sofort leugnet, sagen die drei Gäste, wer sie sind: »Ist denn für den Herrn irgendetwas unmöglich?« Ausgerechnet im Moment einer tiefen Verletzung, als der Finger in die seelische Wunde fährt, »offenbart« sich Gott. Berührt den Schmerz und zeigt, wer da in Wirklichkeit zu Gast ist.

Halten wir fest: Die Stammmutter des jüdischen Volkes ist a) ungläubig und b) lügt sie. Aber Gott bestraft sie nicht, sondern beschenkt sie: Als wider alle »Wahr-scheinlich«-keit Gottes Wahrheit durchscheint, nennt sie ihren Sohn »Isaak«. Denn: »Gott lässt mich vor Freude lachen. Wer hätte jemals vorhergesagt: ›Sara wird ein Kind stillen!‹«

Der Herr erschien Abraham bei den Eichen von Mamre. Abraham saß in der Mittagshitze am Eingang seines Zeltes. Er schaute auf – da standen drei Männer vor ihm. Sie fragten ihn: »Wo ist deine Frau Sara?« Er antwortete: »Drinnen im Zelt.« Darauf sagte einer der Männer: »Nächstes Jahr um diese Zeit komme ich wieder zu dir. Dann wird deine Frau Sara einen Sohn haben.« Sara stand am Zelteingang hinter Abraham. Die beiden waren schon sehr alt, und Sara hatte längst nicht mehr ihre Tage. Daher lachte sie in sich hinein und dachte: »Jetzt, wo ich schon so alt bin, soll ich da noch Lust bekommen?« Da fragte der Herr Abraham: »Warum lacht Sara und denkt, dass sie zu alt ist, um ein Kind zu bekommen? Ist denn für den Herrn irgendetwas unmöglich?« Da leugnete Sara: »Ich habe nicht gelacht.« Denn sie fürchtete sich. Er aber entgegnete: »Doch, du hast gelacht.« Der Herr ließ geschehen, was er ihr verheißen hatte: Sara wurde schwanger und bekam einen Sohn von Abraham. Es war genau zu der Zeit, die Gott Abraham genannt hatte. Abraham gab seinem Sohn den Namen Isaak. Sara jubelte: »Gott lässt mich vor Freude lachen. Wer hätte Abraham jemals vorhergesagt: ›Sara wird ein Kind stillen!‹«

# 11 Dreh dich nicht um …

*… nach Sodom und Gomorra*

Alle drei Begriffe sind sprichwörtlich geworden: »Sodom und Gomorra« für Gruppenvergewaltigung und sexuellen Missbrauch Minderjähriger. »Feuer und Schwefel« als Symbol völliger Vernichtung. »Zur Salzsäule erstarren« als Redewendung für Angstlähmung.

Da, wo heute das – äußerst salzhaltige – »Tote Meer« schwappt und manche Felsennadel aussieht wie eine zur Säule versteinerte Frau, gingen Sodom und Gomorra in einem Inferno unter. Wie es ist, wenn »Feuer und Schwefel regnen«, können alle beschreiben, die den 15. Februar 1945 in Dresden überlebt haben. Und dass man nicht in einen Atomblitz schauen soll, weiß man seit Hiroshima am 6. August 1945.

Woher aber die Eile, mit der die zwei Engel Lot und seine Familie zur Flucht treiben? Läuft da ein Countdown, den auch sie nicht stoppen können?

Nach einer Katastrophe wollen Überlebende und Nachfahren wissen, warum sie passierte. Wer war schuld daran? Und die Horror-Vorgeschichte (1. Mose/Genesis 19,1–14) sagt: Die Missachtung der Schutzpflicht für Gäste zwecks homosexueller Gruppenorgien. Die Bereitschaft, Mädchen auf der Straße vergewaltigen zu lassen. Hass und Drohungen gegen Neusiedler, Gewalt und Einbruch – schon vor diesen Exzessen waren das Geschrei groß und ihre Sünden sehr schwer (1. Mose/Genesis 18,20).

Nur einer begreift nicht die Dramatik seiner Lage: Lot, der Idiot. Sein Zögern, seine Unentschlossenheit nervt sogar die rettenden Engel. Insofern ist die versteinerte Frau ein Sinnbild des Charakters ihres Mannes.

Als »Sodomie« haben jüdische und christliche Moralwächter zunächst alles gebrandmarkt, was nicht heterosexueller Sex zwecks Zeugung von Kindern war. Später dann nur noch den Analverkehr. Heute bezeichnet man Sex mit Tieren als »Sodomie«. Davon steht in diesem traurigen Kapitel der Bibel aber nichts.

Als der Morgen dämmerte, drängten die Engel Lot zur Eile. Sie sagten: »Brich auf! Nimm deine Frau und deine beiden Töchter, die bei dir sind! Sonst kommst du um, wenn die Stadt bestraft wird.«
Als er noch zögerte, ergriffen sie ihn, seine Frau und seine beiden Töchter bei der Hand. Denn der Herr wollte ihn verschonen. Sie führten Lot und seine Familie hinaus und ließen sie erst draußen vor der Stadt wieder los. Als sie im Freien waren, sagte der eine: »Rette dein Leben! Schau nicht zurück und bleib nirgendwo stehen! Rette dich ins Gebirge, sonst kommst du um!«
Als die Sonne über dem Land aufging, kam Lot in Zoar an. Da ließ der Herr Schwefel und Feuer auf Sodom und Gomorra regnen. Der Herr schickte es vom Himmel herab. So vernichtete er diese Städte, die ganze Gegend, all ihre Bewohner und alles, was dort wuchs. Aber Lots Frau schaute zurück und erstarrte zu einer Salzsäule.

# 12 Was für ein Sadist!

*Wer braucht dieses Opfer?*

»Dieser Wahnsinnige, der von einem Vater verlangt, sein Kind zu schlachten, kann mir gestohlen bleiben!«, schrieb Atheist Richard Dawkins 2007. »Braucht ein allwissender Gott sadistische Spielchen, um Abrahams Gehorsam zu prüfen?«, fragte Theologe Sören Kierkegaard 1850. »Dass doch nur ein Schaf geschlachtet wird, macht die Sache ja nicht besser: ›April, April, war nur ein Test.‹ Das ist barbarisch«, befand Philosoph Immanuel Kant 1794.

Zwischen 1600 und 1200 vor Christus sickern immer mehr »Abrahamiten« ins Land der Phönizier und Ammoniter ein, nach Kanaan. Die Kanaaniter verehren als höchsten Sicherheits- und Wohlstandsgaranten ihren Gott »Moloch« und bringen ihm das jeweils erstgeborene Kind als Menschenopfer dar. Denn Moloch »ernährt sich von Kinderblut und Elterntränen« (John Milton in »Paradise Lost«).

Wenn jetzt Dürren oder Unwetter die Ernte vernichten, wenn Epidemien grassieren, wer ist dann schuld? Die Ausländer, klar. Diese religiösen Warmduscher mit ihrem unsichtbaren Gott, der außer »Glauben« nix verlangt. Wie wehren sich die Neusiedler? Indem sie eine Geschichte erzählen, die zweierlei beweisen soll: Auch wir können loyal sein bis zum Kindermord, aber – unser Gott will gar keine Menschenopfer! Auffällig, dass im hebräischen Text Gott zunächst »Elohim« (Gott) und erst durch den Engel »Adonaj« (Herr) genannt wird. Die menschliche Vorstellung und Redeweise, wer Gott ist und was er will, ändern sich innerhalb derselben Szene!

Juden sprechen nicht von der »Opferung«, sondern von der »Bindung Isaaks«, weil Gesten und Zeichen der Gottesverehrung nie »menschliche Opfer« sein dürfen. Frühe Christen im 1. Jahrhundert versuchten, diesen Skandaltext dadurch erträglich zu machen, dass sie ihn als »Voraushinweis« auf Jesus am Kreuz deuteten. Nicht wir Menschenkinder, sondern er, das von Gott bereitgestellte »Opferlamm«, wird geschlachtet. Die Frage bleibt aber: wofür genau?

Einige Zeit später stellte Gott Abraham auf die Probe. Er sagte zu ihm: »Abraham!« Der antwortete: »Hier bin ich!« Gott sagte: »Nimm deinen einzigen, deinen geliebten Sohn Isaak und geh mit ihm in das Land Morija. Bring ihn dort als Brandopfer dar – auf einem Berg, den ich dir nennen werde.« Abraham sattelte seinen Esel, nahm zwei seiner Knechte und seinen Sohn Isaak mit und ging zu dem Ort, den Gott ihm genannt hatte.
Dort baute Abraham einen Altar und schichtete das Holz darauf. Dann fesselte er seinen Sohn Isaak und legte ihn auf den Altar, oben auf das Holz. Abraham streckte seine Hand aus und ergriff das Messer, um seinen Sohn als Opfer darzubringen. Da rief ein Engel des Herrn vom Himmel her: »Streck deine Hand nicht nach dem Jungen aus und tu ihm nichts an! Jetzt weiß ich, dass du wirklich Ehrfurcht vor Gott hast. Deinen einzigen Sohn hast du mir nicht vorenthalten.«
Als Abraham aufsah, erblickte er einen Widder hinter sich. Der hatte sich mit seinen Hörnern im Gestrüpp verfangen. Abraham ging hin, ergriff den Widder und brachte ihn anstelle seines Sohnes als Brandopfer dar.

# 13 Mutter zieht die Strippen …

*… zum tragischen Irrtum*

Mama kann die Partnerinnen ihres Ältesten nicht ausstehen. Polygamie ist die gängige Lebensform. Was den häuslichen Unfrieden ja nur multipliziert. Wenn der zweite Sohn nun auch »eine von denen da nimmt«, schnaubt sie, »was soll mir dann das Leben?!« Sie will ihre eigene Lebensqualität sichern und pfuscht schon mal vorsorglich in Jakobs Zukunft hinein: Sie kocht Lamm Royal, verkleidet ihren verhätschelten Jüngsten als seinen älteren Bruder Esau, schickt ihn als Luxusaltenpfleger ans Bett ihres halb blinden Mannes – und Jakob lügt wie befohlen seinen Vater an. Er sei Esau, der Jäger, und habe – erstaunlich fix – diesen leckeren Rehrücken herbeigezaubert. Sinnestäuschung eines Behinderten zum Zwecke der Erbschleicherei. Moralisch eine Riesensauerei.

Seine Firma kann der Besitzer nur ein Mal übergeben. Danach ist sie weg. Ein Testament ändern können nie die Erben selbst. Was erst mal ins Grundbuch eingetragen ist, ist eingetragen. Isaaks »Segen« beinhaltet auch künftige Privilegien, Kompetenzen, Hierarchien. Ab jetzt ist das quasi notariell besiegelt. Dass die Enterbten und Benachteiligten solche Verträge anfechten, ist bis heute so: »Esau klagte laut und verbittert.« Wen wundert's. Er plant, Jakob zu ermorden, sobald die alten Eltern das nicht mehr miterleben müssen.

Strippenzieherin hinter dieser Familientragödie ist Mutter Rebekka. Nun ja, sich im Eheglück und Wohlergehen der jungerwachsenen Kinder auch ein bisschen selbst zu verwirklichen ist verständlich. Der Glanz erfolgreicher Söhne wirft immer etwas Streulicht auf die mitgeehrte Frau Mutter. »Komplementär-Narzissmus« nennen das die Psychologen heute. Mutterstolz, Ehrgeiz, Zukunftsvorsorge und übergriffige Fürsorge können aber auch zu weit gehen, erzählt die Bibel. Der sprichwörtliche »Fluch der bösen Tat« zieht nämlich weitere böse Taten nach sich, wie wir sehen werden.

Rebekka sagte zu ihrem Sohn Jakob: »Lauf zur Herde und bring zwei schöne Ziegenböckchen. Ich will für deinen Vater ein leckeres Essen zubereiten, damit er dich vor seinem Tod segnet.« Jakob holte die Ziegenböckchen. Rebekka holte die kostbaren Gewänder Esaus, ihres älteren Sohnes. Die zog sie ihrem jüngeren Sohn an.
Und Jakob ging zu seinem Vater Isaak. Der sagte zu ihm: »Komm zu mir und küss mich!« Als er den Duft seiner Gewänder roch, segnete er ihn: »Ah! Gott soll deinem Boden Fruchtbarkeit schenken, Korn und Wein im Überfluss! Völker sollen dir dienen. Wer dich verflucht, ist selbst verflucht, und wer dich segnet, ist gesegnet.«
Später kam Jakobs Bruder Esau von der Jagd zurück. Auch er bereitete ein leckeres Essen: »Mein Vater, iss vom Wild, damit du mich segnen kannst!« Da erschrak Isaak sehr: »Wer war der, der das Wild erlegt und mir vorhin gebracht hat? Er wird für immer gesegnet bleiben.« Als Esau seinen Vater hörte, klagte er verbittert: »Segne auch mich, mein Vater!« Doch der sagte: »Mit einer List hat sich dein Bruder deinen Segen erschlichen.«
Und Esau hasste Jakob. Da nahm er sich vor: »Schon bald wird man um meinen Vater trauern. Dann werde ich Jakob umbringen.«

# 14 Brauchen Engel eine Leiter?

*Komischer Traum*

Mama und Papa heißen jetzt »Herkunftsfamilie«, aber es gibt noch keine »Ankunftsfamilie«. Jakob ist zu Hause ausgezogen, aber nirgends angekommen. Ist ein erwachsenes Kind, aber noch kein Erwachsener. Hat allerlei Wünsche, aber kein konkretes Ziel. »Generation Y« oder »Millenials« nennen wir Leute, die hip und stylish überall »mal reinschnuppern« und »kurz vorbeischauen«, die flexibel unterwegs, vor allem aber eins sind: skeptisch. Misstrauisch. Den Ausbildungswegen, Stellenanzeigen, Datingpartnern und letztlich sich selbst gegenüber. Da – in einer heimatlosen, unbehausten Übergangsphase seines Lebens – sagt Gott zu Jakob: »Wo du jetzt bist, darfst du ruhig sein. Dieser Raum gehört dir. Du hast eine große Zukunft. Ich will dich behüten, wo du hinziehst. Ich verlasse dich nicht, verlass dich drauf.«

»Ein reines Gewissen ist das beste Ruhekissen«, sagt der Volksmund, aber das hat Jakob nach der Betrugsaffäre ja nicht. Ein Stein muss reichen, aber hinter den aufgeschichteten Steinmäuerchen aus teuren Konsumgütern schlafen auch die Jakobs des 21. Jahrhunderts schlecht. Als Windfang gegen Seelenerkältung und kalte Wüstennächte funktionieren Steine halt nicht. Jakob träumt von einer Himmelsleiter, auf der Engel hinab- und hinaufsteigen. Wozu brauchen Engel eine Leiter, wenn sie doch fliegen können?

Seit den Pionieren der Psychotherapie, seit Freud und C. G. Jung zum Beispiel, wissen wir, dass Träume nur selten außenstehende Personen, oft aber uns selbst und verschiedene Teile unserer Persönlichkeit abbilden. Nein, Engel brauchen keine Leiter. Aber der junge Jakob braucht eine Vorstellung davon, wer er sein könnte und einmal werden wird: ein Mensch, eine Familie, ein ganzes Volk, die für andere »zum Segen werden«. Die Frage ist doch: Für wen bin ich heute »Himmelsleiter«?

Jakob zog von Beerscheba nach Haran. Unterwegs kam er an einen Ort, an dem er übernachtete. Denn die Sonne war schon untergegangen. Er nahm einen von den Steinen dort und legte ihn neben seinen Kopf. Dann schlief er ein. Im Traum sah er eine Leiter, die von der Erde bis zum Himmel reichte. Auf ihr stiegen Engel Gottes hinauf und herunter. Plötzlich stand der Herr vor ihm und sagte: »Ich bin der Herr, der Gott deines Vaters Abraham und der Gott Isaaks. Das Land, auf dem du liegst, will ich dir und deinen Nachkommen geben. Sie werden so zahlreich sein wie der Staub auf der Erde. Du wirst dich nach Westen und Osten, nach Norden und Süden ausbreiten. Durch dich und deine Nachkommen sollen alle Völker der Erde gesegnet sein. Siehe, ich bin bei dir und behüte dich überall, wohin du auch gehst. Ich bringe dich zurück in dieses Land. Ich werde dich nicht verlassen, bis ich vollbringe, was ich dir verheißen habe.«

# 15 Die falsche Braut …

*… und ein betrogener Romantiker*

Wüstenbrunnen sind für Viehzüchter das, was für uns Tresore sind: gesicherte Behälter der Existenzgrundlage. Der Verschlussstein sitzt auf dem ummauerten Wasserloch wie ein Stöpsel auf der Flasche. Es braucht mindestens zwei, ihn zu öffnen. Rahel ist eine Cousine von Jakob, er hat sie aber noch nie gesehen. Jetzt sieht er sie – und lupft die Steinplatte senkrecht hoch, rollt das Ding zur Seite, greift Rahel, küsst sie und »weint laut«.

Mehr Sturm und Drang geht nicht, oder? Der erste Kuss dieses Tages geschieht aus Leidenschaft.

Der zweite schon aus Berechnung: Onkel Laban begrüßungsküsst einen Jungen auf Brautschau, ja, aber doch auch auf der Flucht vor seinem betrogenen Bruder!

Denken Sie sich bitte Ihr Monatsgehalt brutto. Mal zwölf. Das Ergebnis mal sieben. Und hinter diesen Betrag schreiben Sie jetzt »nicht kriegen!« Na? – Jakob, ein Sklave seiner Vergangenheit und seiner Liebe zu Rahel: Er wird sieben Jahre unentgeltlich schuften. So viel zur Romantik. Als er Rahel endlich heiraten darf, schiebt ihm Onkel Laban in der Hochzeitsnacht seine ältere Tochter Lea unter. Buchstäblich. Wie kann denn so was …?! War Jakob sternhagelblau? Oder Lea auch beim Sex vollverschleiert? Oder schnappte die Falle der Konvention zu, als nun mal Lea und nicht Rahel im Zelt lag?

Sieben Jahre aufgestautes Verlangen flüstert Jakob einer Frau ins Ohr, die nur eins ganz sicher weiß: Er denkt an eine andere. Ich bin nur das Objekt einer patriarchalischen Intrige. Sexuell gedemütigt wie eine ziemlich moderne Frau, diese Tinder-Lea. Jakob wird übrigens gerade Opfer derselben List, mit der er damals seinen Bruder betrog: Täuschung des Tastsinns. Er hatte mit der Tattrigkeit eines halb blinden Greises gerechnet. Laban mit der Zappeligkeit eines verliebten jungen Kerls. Die Schuld rächt sich auf dieselbe Art.

Jakob sah Rahel mit der Herde ihres Vaters Laban. Der war ein Bruder seiner Mutter. Sofort wälzte er den Stein von der Brunnenöffnung und tränkte die Herde. Dann küsste er Rahel und begann laut zu weinen. Jakob erzählte Rahel: »Ich bin ein Neffe deines Vaters.« Als Laban die Nachricht hörte, eilte er Jakob entgegen, umarmte und küsste ihn. Dann brachte er ihn in sein Haus.
Laban hatte zwei Töchter: Die ältere hieß Lea und die jüngere Rahel. Jakob hatte sich in Rahel verliebt. Er sagte zu Laban: »Ich will sieben Jahre lang für dich arbeiten. Gib mir dafür Rahel zur Frau.« So arbeitete Jakob, um Rahel heiraten zu können. Er liebte Rahel so sehr, dass ihm die Jahre vorkamen wie ein paar Tage. Danach sagte Jakob zu Laban: »Die Zeit ist um. Ich will Rahel heiraten.« Da lud Laban alle Leute zu einem Festessen ein.
Am Abend aber brachte Laban seine Tochter Lea zu Jakob, und der schlief mit ihr. Am nächsten Morgen sah Jakob, dass Lea bei ihm lag. Da sagte er zu Laban: »Warum hast du mich hintergangen?« Laban erwiderte: »Bei uns ist es nicht üblich, die Jüngere vor der Älteren zu verheiraten. Wenn du noch weitere sieben Jahre für mich arbeitest, gebe ich dir auch die Jüngere.«

# 16 Verzicht auf Rache …

*… und der Schuldige schaut Gott ins Gesicht*

High Noon. Der Tag der Abrechnung ist da. Esau kommt mit 400 Mann. Jakob wird himmelangst. Obwohl er unfassbar wertvolle Geschenke in aufsteigender Reihenfolge vorausgeschickt hatte (1. Mose/Genesis 32,14–22), funktionierte die Beschwichtigung offenbar nicht.

Wär das schön, wenn man alle Verletzungen aus der Herkunftsfamilie mit Geld heilen könnte! Wenn sich Schuld und Schaden finanziell *ent*schädigen ließen. Jakob würde seine Lebenslüge, er (und nicht Esau) sei der rechtmäßig Erstgeborene, gern materiell großzügig beenden. Lange vor den deutschen Vergebungshändlern des Mittelalters träumt Jakob vom Ablasshandel. Lange vor Martin Luther merkt Jakob, dass Gnade und Versöhnung nicht käuflich sind. Weil die Vergangenheit ja nicht wirklich *ver*geht. Sie steht da, sie *be*steht weiter, sie *be*steht darauf, dass Schuld entweder gerächt, wiedergutgemacht oder vergeben wird.

Aber genau das geschieht! Esau, der ehemals Betrogene, verzichtet auf Bestechung und vergibt dem Täter! Statt eines Gemetzels von 400 Freischärlern an Kindern und Frauen gibt es eine Versöhnungsszene. Vorbereitet von kulturtypischen Ehrbezeugungen und auch nicht melodramatisch emotional, sondern knapp und sachlich, aber: Versöhnung statt Rache. Jakob sagt zu seinem herzensgewendeten Bruder: »Ich sah dein Angesicht, als sähe ich Gottes Angesicht.«

Nicht oft, aber ein paar Mal im Leben hatte ich diesen sekundenkurzen Eindruck auch schon mal: dass aus den Augen und der Mimik eines versöhnlichen, vergebenden, friedenswilligen Menschen mir Gott freundlich entgegenzwinkerte. Weil der furchterregende »Feind«, der alles Recht auf Häme, Siegerposen, Genugtuung oder Wiedergutmachung gehabt hätte, genau darauf verzichtete. Wie Gott eben. Oder Esau.

Eine Glaubenssache, klar. Aber unvergesslich und jedem nur zu wünschen.

Jakob hob seine Augen auf und sah seinen Bruder Esau kommen mit vierhundert Mann. Und er verteilte seine Kinder auf Lea und auf Rahel und auf die beiden Mägde und stellte die Mägde mit ihren Kindern vornean und Lea mit ihren Kindern dahinter und Rahel mit Josef zuletzt. Und er ging vor ihnen her und neigte sich siebenmal zur Erde, bis er zu seinem Bruder kam. Esau aber lief ihm entgegen und herzte ihn und fiel ihm um den Hals und küsste ihn, und sie weinten. Und Esau hob seine Augen auf und sah die Frauen mit den Kindern und sprach: »Wer sind diese bei dir?« Er antwortete: »Es sind die Kinder, die Gott deinem Knecht beschert hat.« Und Esau sprach: »Was willst du mit dem ganzen Lager, auf das ich gestoßen bin?« Er antwortete: »Dass ich Gnade fände vor meinem Herrn.« Esau sprach: »Ich habe genug, mein Bruder; behalte, was du hast.« Jakob antwortete: »Ach nein! Hab ich Gnade gefunden vor dir, so nimm mein Geschenk von meiner Hand; denn ich sah dein Angesicht, als sähe ich Gottes Angesicht, und du hast mich freundlich angesehen.« So nötigte er ihn, dass er sie nahm.

# 17 Üble Familienbande

*Bruchstellen zwischen Brüdern*

Haben Sie leibliche Geschwister? Und wenn ja – das wievielte Kind in der Geschwisterfolge waren Sie? Was waren die Vor- und die Nachteile Ihrer Positionierung?

Josef wird von seinem Vater Jakob, der später Israel genannt wurde, verhätschelt, »weil er ihn im hohen Alter bekommen hatte«. Positiv sagen wir heute: Alte Väter sind gelassener. Negativ: Der Sugardaddy verwöhnt das Kind. Josef prahlt mit der Bevorzugung und seiner Überlegenheit, der eitle Idiot, sodass seine Brüder ihn erst beneiden, dann hassen und ihn schließlich töten wollen.

Als Junge auf dem Schulhof wünschte ich mir immer einen großen, starken Bruder, der mich beschützt, raushaut oder rächt. Hatte ich nicht. Josef hat das: Sein ältester Bruder Ruben will den Mordplan unterlaufen. Juda auch. Nur anders: Nicht dem besorgten Papa, sondern den Sklavenhändlern drückt er den Jungen in die Arme. Und kassiert. Als Ruben von dem dreckigen Deal erfährt – wie soll er dem Vater Josefs Verschwinden erklären? –, einigen sich alle auf die plausibelste Lüge: Josef wurde von einem Raubtier angefallen. »Hier, Papa, der blutige Rock.« Ein bisschen Rache am ungerechten Vater muss schon sein.

Glückwunsch, wenn Sie auch in der Lebensmitte mit Ihren Geschwistern gemeinsam in Urlaub fahren können, sich bei Anschaffungen Geld leihen und beim Hausbau gegenseitig helfen! Toll. Aber: Völlig frei von der – nur erinnerten oder tatsächlichen – Konkurrenz um die Aufmerksamkeit, die Zuwendung, die Liebe der Eltern sind wir auch als Erwachsene nicht oder nur selten. Irgendwie schauen Eltern lebenslang am Spielfeldrand zu, wie wir uns durchs Leben kämpfen. Josefs Brüder leben fortan im Schatten eines schrecklichen Familiengeheimnisses, Vater Jakob in untröstlichem Verlustschmerz. Dass Josefs selbstgefällige Träume sich eines Tages zu ihren Gunsten verwirklichen werden, ahnt ja niemand (1. Mose/Genesis 37,5–11 und 42,6).

Israel liebte Josef mehr als seine anderen Söhne, weil er ihn im hohen Alter bekommen hatte. Deshalb ließ er ihm ein prächtiges Gewand machen. Seine Brüder sahen, dass ihr Vater ihn lieber hatte. Daher hassten sie Josef.

Die Brüder gingen nach Sichem, um dort die Tiere des Vaters zu hüten. Und Josef folgte ihnen. Die Brüder sahen ihn von Weitem kommen. Noch bevor er bei ihnen war, beschlossen sie, ihn zu töten. Als Ruben das hörte, sagte er: »Vergießt kein Blut! Werft ihn in die Zisterne da in der Steppe.« Als Josef ankam, rissen sie ihm sein prächtiges Gewand vom Körper. Sie warfen ihn in die Zisterne, die leer war. Danach setzten sie sich hin, um zu essen. In der Ferne sahen sie eine Karawane. Da sagte Juda: »Was haben wir davon, wenn wir unseren Bruder erschlagen? Kommt, wir verkaufen ihn.« Seine Brüder hörten auf Juda. Sie nahmen Josefs Gewand, schlachteten einen Ziegenbock und tauchten es in das Blut. Dann brachten sie es zu ihrem Vater: »Das hier haben wir gefunden.« Jakob erkannte es sofort und sagte: »Das ist das Gewand meines Sohnes! Ein wildes Tier hat ihn gefressen.« Da zerriss Jakob seine Kleider und zog ein Trauergewand an. Lange Zeit trauerte er um seinen Sohn.

# 18 Hashtag »MeToo« mal andersrum

*Keusches Ende einer kurzen Karriere*

Wenn deine Kinofilme 19 mal für den Oscar nominiert waren und fünf davon einen Oscar gewannen, dann ist es bitter, seit Oktober 2017 als Belästiger und Vergewaltiger von rund 80 Schauspielerinnen – darunter Angelina Jolie und Uma Thurman – angeklagt zu sein. »Sexmonster« Harvey Weinstein löste eine weltweite Bewegung von Frauen aus, die unter dem Hashtag »MeToo« (»ich auch«) gegen sexuelle Belästigung am Arbeitsplatz protestierten. Dass es auch Frauen gibt, die sich eigeninitiativ auf der Karriereleiter »hochschlafen« wollen oder konnten, verblasst gegenüber der Überzahl männlichen Missbrauchs von Macht.

Im doppelten Sinne umgekehrt läuft es für Josef: Der Finanzminister und Sicherheitschef des ägyptischen Pharao (vermutlich Amenophis I, 1525 bis 1504 vor Christus) entdeckt das Organisationstalent des jungen hebräischen Sklaven, während seine Gemahlin vor allem dessen schöne Gestalt entdeckt. Männliche Hausdiener mit Zugang zu Privaträumen von Damen waren üblicherweise Eunuchen oder schwul. Josef offenbar nicht, und so widersteht er »täglich« ihren plumpen Angeboten im Befehlston. Aus Prüderie? Nein, aus Vernunft und – bemerkenswert – aus Dankbarkeit und Ehrfurcht Gott gegenüber!

Die Weltliteratur ist voll davon: Nichts ist so rachedurstig wie verschmähte Liebe. Stalking-Opfer wissen das. Die gekränkte Frau reißt ihm das Hemd von den Schultern, schreit um Hilfe, bezichtigt ihn der versuchten Vergewaltigung, und Josef kann von Glück sagen, dass er »nur« im Knast und nicht am Galgen endet.

Das Opfer sexuellen Machtmissbrauchs ist diesmal ein Mann. Josef bleibt, wie Josef ist: Seine Fähigkeit, Menschen für sich zu gewinnen, sein Talent und Geschick bringen ihn sogar als Gefangenen in exakt dieselbe Verantwortungsposition, die er bei Potifar hatte.

Josef wurde hinab nach Ägypten geführt, und Potifar, ein Ägypter, der Kämmerer des Pharao und Oberste der Leibwache, kaufte ihn. Und der Herr war mit Josef. Und von der Zeit an, da er ihn über sein Haus und alle seine Güter gesetzt hatte, segnete der Herr des Ägypters Haus um Josefs willen. Und Josef war schön an Gestalt und Angesicht.

Und es begab sich, dass seines Herrn Frau ihre Augen auf Josef warf und sprach: »Schlafe bei mir!« Er weigerte sich aber: »Siehe, mein Herr kümmert sich selbst um nichts, und er hat mir nichts vorenthalten außer dir, weil du seine Frau bist. Wie sollte ich ein solch großes Übel tun und gegen Gott sündigen?« Und sie bedrängte Josef täglich.

Und sie erwischte ihn bei seinem Kleid: »Schlafe bei mir!« Aber er ließ das Kleid in ihrer Hand und lief zum Hause hinaus. Und sie rief zum Gesinde ihres Hauses: »Seht, er kam zu mir und wollte bei mir schlafen; aber ich rief laut. Da ließ er sein Kleid bei mir und lief hinaus.« Da warf ihn Josefs Herr ins Gefängnis. Aber der Herr war mit Josef, und er schenkte ihm die Gunst des Amtmanns über das Gefängnis, sodass der ihm alle Gefangenen in seine Hand gab, und alles, was dort zu tun war, geschah durch ihn.

# 19 Aus dem Knast in den Palast

*Traumhafte Volkswirtschaftslehre*

Alle antiken Herrscher hatten Berater, Hellseher, Astrologen. Deren Platz neben dem Thron war sicherer, wenn sie sehr geheimnisvoll taten und mehrheitlich positive Vorhersagen machten. Ein – wenn auch im Gefängnis beliebter – Gefangener hat einem Mithäftling vorausgesagt, er werde bald gehängt werden (1. Mose/Genesis 40,19). Jetzt holt man diesen Traumdeuter an den Hof, und der präsentiert sich nicht selbstmitleidig-selbstherrlich (»unschuldig inhaftiert, doch von esoterischer Weisheit!«), sondern sagt stocknüchtern: 1. Es werden sieben Hungerjahre kommen. 2. Haben kommt von halten, also bildet Rücklagen. 3. Am besten 20 Prozent per annum, sieben Jahre lang. Paff. Kein astrologisches Geraune, sondern Volkswirtschaft erstes Semester.

Moment: Als er noch selbstverliebt von sich und für sich träumte, brachte ihn das um seine Zukunft (1. Mose/Genesis 37,5–11). Jetzt interpretiert er den Traum eines anderen fürsorglich für andere, und das bringt ihm Zukunft! Josef ist sich sicher, Gottes Willen zu verkünden. Der Pharao ist sich sicher, dass »Gottes Geist in diesem Mann ist«. Wir heute sind skeptisch, wenn »Träumer« so was von sich behaupten. Zu viele Sektierer und Scharlatane unterwegs, gerade in frommen Kreisen. Aber: Die Zukunft entscheidet. Erst im Nachhinein lassen sich weise Visionen von wirren Illusionen unterscheiden.

»*I have a dream*«, rief der schwarze Bürgerrechtler Martin Luther King 1963 und meinte den Traum von sozialer Gerechtigkeit ohne Rassismus, denn: »Kein Land kann sich Butter für alle und Kanonen für alle anderen leisten.« 1964 bekam King den Friedensnobelpreis. 1968 wurde er ermordet. Trauminterpret Josef, etwa 1200 vor Christus, wurde zum Vize-Pharao befördert. Volkswirtschaftlich recht hatten beide.

Da sandte der Pharao hin und ließ Josef rufen. Und er ließ sich scheren und zog andere Kleider an und kam hinein zum Pharao. Da sprach der Pharao: »Mir träumte, und siehe, ich stand am Ufer des Nils, und aus dem Wasser stiegen sieben schöne, fette Kühe. Und siehe, nach diesen stiegen sieben dürre, sehr hässliche und magere Kühe heraus. Und die mageren Kühe fraßen die sieben ersten, fetten Kühe auf. Da wachte ich auf.«
Josef antwortete dem Pharao: »Gott verkündet dem Pharao, was er vorhat. Die sieben schönen Kühe sind sieben Jahre. Die sieben mageren Kühe, das sind sieben Jahre des Hungers. Siehe, sieben reiche Jahre werden kommen in ganz Ägyptenland. Und nach ihnen werden sieben Jahre des Hungers kommen. Nun sehe der Pharao nach einem weisen Mann, den er über Ägyptenland setze, und sorge dafür, dass er Amtleute verordne im Lande und nehme den Fünften des Getreides in den sieben reichen Jahren zum Vorrat in den Städten und es verwahre.«
Und der Pharao sprach zu Josef: »Weil dir Gott dies alles kundgetan hat, ist keiner so weise wie du. Du sollst über mein Haus sein, und deinem Wort soll all mein Volk gehorsam sein; allein um den königlichen Thron will ich höher sein als du.«

# 20 Herzzerreißend großes Kino

*»Ich bin's.« Das ändert alles*

Um die Dramatik dieser Szene mitzufühlen, müssen Sie 1. Mose/ Genesis 42 bis 44 gelesen haben. Geht schneller als die 2.000 Seiten der Roman-Trilogie »Joseph und seine Brüder« von Thomas Mann. Die Hungerleider kauften Getreide beim – natürlich noch unerkannten – ägyptischen Wohltäter Josef. Der bezichtigte sie der Spionage, forderte den jüngsten Bruder Benjamin als Geisel, schob ihm einen Silberbecher ins Gepäck, ließ ihn als Dieb überführen, sein Bruder Juda bot sich als Ersatzgeisel an – bis Josefs Staumauer der Gefühle bricht und eine Tränenflut das Ränkespiel beendet: »Ich bin's, euer Beinah-Mordopfer aus dem Brunnen!«

Seiner Machtfülle entsprechend hätte er alle ins Gefängnis stecken oder in ihre verdorrte Heimat abschieben können. Stattdessen: Rührung statt Rache, Hilfe statt Häme. Warum? Aus Rücksicht auf den noch immer trauernden Vater Jakob daheim, ja. Aus Sehnsucht, ihn wiederzusehen, sicher. Aber auch, weil ihm seine eigene Achterbahn-Biografie – vom Lieblingssohn zum entführten Kind, vom Sklaven zum Hausverwalter, vom Frauenschwarm zum Gefangenen, vom Knast in den Palast – plötzlich sinnvoll erscheint: »Um eures Lebens willen hat mich Gott vor euch hergesandt!« Ich kam nach Ägypten und hier an die Macht, weil Gott euch retten will! Euch, meine schurkische Mischpoke!

So viel Gnade auf Gottes und Großherzigkeit auf Josefs Seite ist »unglaublich«. Erst recht für den – schon oft belogenen – Vater Jakob. Aber: Sein greiser »Geist wurde lebendig«, als er dieser »Amazing Grace«, der erstaunlichen Gnade Gottes, vertraut. Opa Jakob schafft den Umzug nach Ägypten, die Nachfahren der Josefssippe werden jahrhundertelang ein gutes Leben an den Ufern des Nil führen. Familiärer Neustart und Heilung der Beziehungen gelingen am besten, wenn sich alle Beteiligten eines jahrelangen Dramas vergeben können.

Josef konnte nicht länger an sich halten, und er rief: »Lasst jedermann von mir hinausgehen!« Und stand kein Mensch bei ihm, als sich Josef seinen Brüdern zu erkennen gab. Und er weinte laut und sprach: »Ich bin Josef. Lebt mein Vater noch?« Und seine Brüder konnten nicht antworten, so erschraken sie. Er sprach: »Ich bin Josef, euer Bruder, den ihr nach Ägypten verkauft habt. Und nun bekümmert euch nicht, dass ihr mich hierher verkauft habt; denn um eures Lebens willen hat mich Gott vor euch hergesandt. Denn es sind nun zwei Jahre, dass Hungersnot ist, und sind noch fünf Jahre, dass weder Pflügen noch Ernten sein wird. Verkündet meinem Vater alle meine Herrlichkeit in Ägypten; bringt ihn hierher.« Und er küsste seine Brüder und weinte an ihrer Brust.
So zogen sie zu ihrem Vater Jakob und verkündeten ihm und sprachen: »Josef lebt noch und ist Herr über ganz Ägyptenland!« Aber sein Herz blieb kalt, denn er glaubte ihnen nicht. Da sagten sie ihm alle Worte Josefs, die er zu ihnen gesagt hatte. Und als er die Wagen sah, die ihm Josef gesandt hatte, um ihn zu holen, wurde der Geist Jakobs, ihres Vaters, lebendig. Und Jakob sprach: »Ich will hin und ihn sehen, ehe ich sterbe.«

# 21 Vergebliche Versklavung

*Darf man lügen, um zu leben?*

Es beginnt mit der Angst vor Überfremdung. Im antiken Ägypten vermehren sich die Nachfahren von Wirtschaftsflüchtlingen einfach zu rasant. Finanzminister und Vize-Pharao Josef hatte von der Dürrekatastrophe in der Heimat der Israeliten gehört, sie als seine Brüder erkannt (1. Mose/Genesis 42,7), sie aus humanitären Gründen in sein Wohlstandsland reingelassen (1. Mose/Genesis 41,57) und je nach Bildung und volkswirtschaftlichem Nutzen eingesetzt (1. Mose/Genesis 47,3–6). Eine rundum gelungene Integrationspolitik, könnte man sagen.

Trotzdem fragen die Einheimischen: Wie viele kommen da noch? Lauter junge Männer, meine Güte, ist das nicht ein Sicherheitsrisiko? Ähnlichkeiten mit den Ängsten einiger Deutscher im 21. Jahrhundert sind rein zufällig …

Irgendwann kippt die politische Stimmung, die Regierungsmacht wechselt, die Neusiedler werden als Zwangsarbeiter versklavt. Diese »List« des Herrschers ist so listig nicht, denn grausame Schinderei auf Baustellen funktioniert nun mal nicht als Empfängnisverhütung: Die Ärmsten der Armen kriegen die meisten Kinder, das ist bis heute so. Gegen Bevölkerungswachstum helfen sozialer Aufstieg und Wohlstand, nicht Verelendung. Der antike Despot braucht also ein schärferes Gegenmittel. Wir nennen es »ethnische Säuberung« oder »Genozid«: »Wenn es ein Sohn ist, dann tötet ihn!«

Aus Sorge um die demografische Entwicklung wird Angst. Aus Angst um die innere Sicherheit wird Hass. Aus Hass wird Gewalt. Ähnlichkeiten mit heutigen Tendenzen … aber das erwähnte ich ja schon. Zwei Hebammen verweigern sich dem Mordauftrag mit einer fast läppischen Ausrede: »Die hebräischen Frauen sind kräftige Frauen! Ehe die Hebamme zu ihnen kommt, haben sie schon geboren.« Darf man lügen, um Leben zu retten? Ja, darf man, sagt die Bibel. Die europäische Geschichte ist voll von solchen »verlogenen« Helden der Humanität.

Die Israeliten aber waren fruchtbar und mehrten sich und wurden überaus stark. Da kam ein neuer König auf in Ägypten, der wusste nichts von Josef und sprach: »Siehe, das Volk der Israeliten ist mehr und stärker als wir. Wohlan, wir wollen sie mit List niederhalten. Denn wenn ein Krieg ausbräche, könnten sie sich zu unsern Feinden schlagen.« Und man setzte Fronvögte über sie, die sie mit schweren Diensten bedrücken sollten. Und sie bauten dem Pharao die Städte Pitom und Ramses als Vorratsstädte. Aber je mehr sie das Volk bedrückten, desto stärker mehrte es sich.
Und der König von Ägypten sprach zu den hebräischen Hebammen: »Wenn ihr den Frauen bei der Geburt helft, dann seht auf das Geschlecht. Wenn es ein Sohn ist, tötet ihn; ist's aber eine Tochter, lasst sie leben.« Aber die Hebammen fürchteten Gott und taten nicht, wie der König von Ägypten gesagt hatte. Da rief er die Hebammen und sprach: »Warum lasst ihr die Kinder leben?« Die Hebammen antworteten: »Die hebräischen Frauen sind nicht wie die ägyptischen, denn sie sind kräftige Frauen. Ehe die Hebamme zu ihnen kommt, haben sie geboren.« Darum tat Gott ihnen Gutes. Und das Volk mehrte sich und wurde sehr stark.

# 22 Die Angst im Nacken …

*… und die Rettung im Namen*

Eine rührende Szene, wirklich. Allerdings bugsiert sich ihre königliche Hoheit, die Prinzessin, damit in einen Loyalitätskonflikt: Von Amts wegen müsste sie dem Korb einen Schubs Richtung Strömung geben. »Alle männlichen Neugeborenen der Einwanderer sind zu töten!« lautet das Regierungsdekret. Die Krokodile erledigen so etwas eigentlich. Aber: Ihre individuelle Empathie siegt über die kollektive Staatsräson. So wie heute bei den humanitären Seenotrettern im Mittelmeer. Eine nachhaltige politische Lösung für alle Flüchtenden haben die nicht, aber: »Man lässt doch niemanden ertrinken!«

Nun haben die Mutter und Schwester des Todgeweihten den Uferplatz seiner Aussetzung so gewählt, dass sich eine raffinierte Doppel-Lösung ergibt: Das Neugeborene ist gerettet. Die Mutter wird fürstlich bezahlt für etwas, was sie ohnehin liebend gerne tut. Die Tochter des Gesetzgebers ist fürs Erste aus dem Schneider. Aber als »das Kind groß war« und aus der Sklavenbaracke in den Palast umzog? Als es laufen und sprechen oder lesen und schreiben konnte? »Mose wurde in aller Weisheit der Ägypter gelehrt«, sagt der Apostel Stephanus später (Apostelgeschichte 7,22), aber welches »Selbstbewusstsein«, welche »Identität« reifte in ihm heran? Wollte er möglichst schnell ein perfekter ägyptischer Prinz werden? War seine Herkunft allgemein bekannt, oder lebte er in permanenter Angst, »dass das rauskommt!«?

»Der aus dem Wasser Gezogene« – so nennt ihn seine Adoptivmutter. Seine Familie hatte die Angst im Nacken, er hat jetzt die Rettung im Namen. Auch unter weniger dramatischen Umständen und nach 3.000 Jahren medizinischem Fortschritt Geborene wissen – Sie und ich zum Beispiel –, dass ein gesundes Neugeborenes nicht selbstverständlich ist. Wir wurden zwar nur aus dem Fruchtwasser gezogen, aber dankbar sein für Gesundheit, Schutz, Erziehung und Bildung könnten wir doch trotzdem, oder?

Ein Nachkomme aus dem Stamm Levi heiratete eine Tochter des Levi. Die Frau wurde schwanger und brachte einen Sohn zur Welt. Sie versteckte ihn drei Monate lang. Länger konnte sie ihn nicht verborgen halten. Deshalb nahm sie ein Kästchen aus Papyrus und dichtete es ab. Dann legte sie das Kind hinein und versteckte es am Ufer des Nil. Seine Schwester blieb in der Nähe. Sie wollte wissen, was geschah. Da kam die Tochter des Pharao zum Baden. Sie entdeckte das Kästchen und ließ es holen. Als sie es öffnete, sah sie den Jungen, der weinte. Da bekam sie Mitleid und sagte: »Das ist eins von den hebräischen Kindern.«

Die Schwester des Jungen, die in der Nähe war, fragte: »Soll ich zu den Hebräerinnen gehen und dir eine Frau rufen, die gerade stillt?« Die Tochter des Pharao antwortete: »Ja, tu das!« Da ging das Mädchen und rief die Mutter des Kindes. Die Tochter des Pharao trug ihr auf: »Nimm dieses Kind und stille es für mich! Ich will dich dafür angemessen bezahlen.« So nahm die Frau das Kind zu sich. Als der Junge groß genug war, brachte sie ihn zu der Tochter des Pharao. Die nahm ihn als ihren Sohn an und nannte ihn Mose. Sie sagte: »Ich habe ihn ja aus dem Wasser gezogen.«

# 23 Dieser undankbare Mistkerl

*Wem die Hand ausrutscht …*

Der Junge sucht seine Wurzeln. Viele Adoptivkinder ab der Pubertät tun das. Das behütete Söhnchen taucht ein ins gewalttätige Milieu auf den Baustellen, und es passiert die biografische Katastrophe: Seine Empörung und Selbstüberschätzung explodieren zu einer Bluttat, die den Gegner das physische Leben kostet, Mose selbst aber sein soziales Leben kosten wird.

Wem »die Hand ausrutscht«, wie wir verharmlosend sagen, dem sind vorher schon das Herz, der Verstand und die Nerven ausgerutscht. Das ist nicht nur den »sozial Schwachen« und »Bildungsfernen« vorbehalten, »das kommt in den besten Familien vor«, sagt die Bibel. Mose, das gut integrierte Migrantenkind, begeht einen Mord! Bedient das Klischee aller Rechtspopulisten: Er ist erschütternd undankbar gegenüber seiner warmherzigen Adoptivmutter und allen Lehrern, die ihn förderten. Was hätte er alles werden können im Pharaonenstaat! Welche handverlesenen Heiratskandidatinnen hätte man ihm auf glanzvollen Festen vorgeführt! Alles vorbei. Alles versaut.

Er wird als Terrorist gesucht und flieht ins Ausland. Aus dem Palast in die Obdachlosigkeit, aus der Stadt in die Pampa, aus der Oberschicht in den Untergrund. Dort prügelt er sich wieder – und verjagt die Rüpel, die eine Gruppe Frauen am Brunnen bedrängen. Mose legalisiert seinen Aufenthalt im Gastland, indem er eine Einheimische heiratet. Aber sein erstes Kind nennt er »Fremdling in fremdem Land«. Beheimatet sein klingt anders, oder?

»Mose wusste, wie süß es ist, den Feind zu töten. Und wie bitter es ist, getötet zu haben. Deshalb schrieb er später: Töte nicht!«, sagte Thomas Mann über diesen Bibeltext. Mose hat sich ohne physischen Suizid das Leben genommen. Er hat jetzt ein Auskommen, ja sicher. Aber in einer heimatlos ziellosen Lebensphase.

Als Mose erwachsen war, ging er eines Tages hinaus zu seinen Landsleuten. Er beobachtete, wie ein Ägypter einen seiner hebräischen Brüder totschlug. Da sah Mose sich nach allen Seiten um. Als er niemanden entdeckte, schlug er den Ägypter tot und verscharrte ihn im Sand. Am nächsten Tag ging er wieder hinaus. Da sah er, wie zwei Hebräer miteinander stritten. Er fragte den einen, der im Unrecht war: »Warum schlägst du ihn?« Der antwortete: »Wer hat dich zum Aufseher und Richter über uns gemacht? Willst du mich auch totschlagen wie den Ägypter?« Da bekam Mose Angst und sagte sich: »Es ist also doch bekannt geworden.«
Als der Pharao davon erfuhr, wollte er Mose töten lassen. Doch Mose floh vor dem Pharao in das Land Midian. Dort setzte er sich an einen Brunnen. Der Priester von Midian hatte sieben Töchter. Mose willigte ein, bei Reguel zu bleiben. Der gab ihm seine Tochter Zippora zur Frau. Sie brachte einen Sohn zur Welt. Den nannte Mose Gerschom, das heißt: Fremder-dort. Denn er sagte: »Ich bin ein Fremder im fremden Land.«

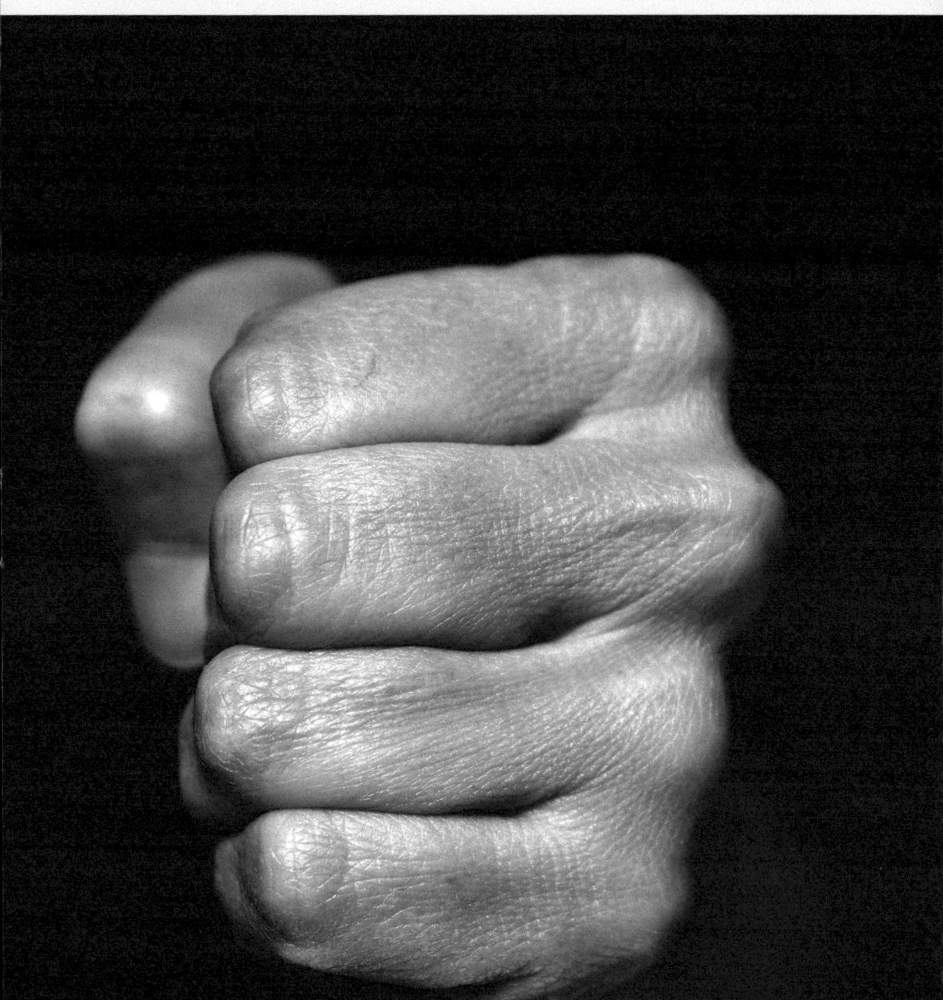

# 24 Da ist was im Busch …

*… das zieht einem die Schuhe aus*

Ist der königlich Ausgebildete fürs Schafehüten nicht völlig überqualifiziert? Statt die Herde in Sicherheit zu bringen vor einem Flächenbrand, kommt Mose neugierig näher und hört – seinen Namen! Es war ihm jahrelang gelungen, ein Nobody im Nirgendwo zu bleiben – jetzt wird er gefunden.

Mitten im Alltag. Er hat Gott weder herbeigebetet noch heranmeditiert, hat mit keinen spirituellen Ritualen eine religiöse Offenheit oder Erwartungshaltung erzeugt. »Stehen bleiben! Schuhe aus!«, ruft Gott.

»Da steh ich aber drauf«, würden wir protestieren. Auf Zeichen, die mir trittsicher Respekt verschaffen: edle Loafers, erotische High Heels, knallbunte Laufschuhe. Ich steh auf Lifestyle-Signaturen und Statussymbole. Meine gute Adresse, mein Haus, meine Fünf-Sterne-Küche, mein Auto. »Kannst du alles loslassen«, sagt Gott: »Keine Selbstwertkrücken mehr nötig. Hier ist ein geschützter Raum. Dir als Hirte muss ich nicht erklären, was ›behütet‹ ist. Ein heiliger Ort, ein heiliger Moment.« – »Aber barfuß bin ich …«, wendet der moderne Mose ein. – »… verletzlicher, ja empfindsamer, berührbarer«, sagt der brennende Dornbusch, »näher dran an allen, die Angst haben vor dem nächsten Schritt. Emotionale Intelligenz und soziale Kompetenz heißt das in Stellenanzeigen für Führungskräfte, stimmt's?«

Gott stellt sich vor, und Mose weiß endlich, wo er herkommt. Seine Identität »fußt« nicht mehr auf ägyptischen Adoptiveltern und midianitischen Schwiegereltern, sondern auf einer beruhigenden Auskunft: »Ich kannte schon deine Urgroßeltern. Ich sehe deine genetischen, pädagogischen und sozialen Prägungen und weiß: Du löffelst vieles aus, was andere vor dir eingebrockt haben. Ganz ohne Familienaufstellungstherapie kann ich dir zusagen: Du bist nicht alleine schuld an deiner Vergangenheit. Und nicht festgelegt auf eine vorgezeichnete Zukunft.«

Mose hütete die Herde seines Schwiegervaters. Einmal trieb Mose die Herde über die Steppe hinaus. So kam er an den Berg Gottes, den Horeb. Da erschien ihm ein Engel des Herrn: Eine Flamme schlug aus einem Dornbusch. Mose bemerkte, dass der Dornbusch in Flammen stand und trotzdem nicht verbrannte. Mose sagte sich: »Ich will hingehen und mir diese auffallende Erscheinung ansehen. Warum verbrennt der Dornbusch nicht?« Der Herr sah, dass Mose vom Weg abbog und sich die Erscheinung ansehen wollte. Da rief ihn Gott mitten aus dem Dornbusch: »Mose, Mose!« Er antwortete: »Hier bin ich!« Gott sprach: »Komm nicht näher! Zieh deine Schuhe aus! Der Ort, auf dem du stehst, ist heiliges Land.« Weiter sprach er: »Ich bin der Gott deiner Väter, der Gott Abrahams, Isaaks und Jakobs.« Da verhüllte Mose sein Gesicht. Er hatte Angst davor, Gott zu sehen.

# 25 Ausgerechnet ich?!

*Unmöglicher Auftrag, unmöglicher Name*

Wenn Gott weder blind noch taub ist, ist er dann zynisch? Die Auskunft »Ich habe das Elend gesehen« klingt ja ganz tröstlich, provoziert aber doch die Rückfrage: »Warum erst jetzt?!« Wo warst du, als das Babymorden unter hebräischen Neugeborenen in Ägypten begann?

Als man für wahnwitzige Monumentalbauten den Erschöpfungstod der Zwangsarbeiter bereits einkalkulierte? Die Frage, warum Gott menschliches Leid nicht verhindert, wird uns in »111 Bibeltexte, die man kennen muss« oft beschäftigen. Sie ist nicht plausibel »beantwortbar«, aber vielleicht wird sie über den mitleidenden und mitsterbenden Jesus Christus »erlebbar«, »erfahrbar«. Mehr dazu später.

Bevor Mose ein moderner Atheist werden kann, hört er einen schlechten Witz: »Geh du zu Pharao!« Mich kennen sie da schon, lieber Gott! Die haben eine Rechnung offen mit mir.

Außerdem: Pharao Alkohol hat allein in Deutschland 1,8 Millionen Sklaven. Der Pharao psychische Erkrankung und Depression treibt jährlich rund 9.000 Menschen in den Suizid. Der Pharao Armut, Verwahrlosung und Gewalt lässt Kleinkinder von Pädophilen quälen oder sie in Messie-Wohnungen verdursten. Das meine ich, wenn ich »Ägypten« sage, klar? Und da soll ausgerechnet ich …?

Moses sagt Gott, was er alles nicht kann und nicht ist. Eine Art Anti-Bewerbungsgespräch. Und Gott sagt Mose, wer er ist: »Ich bin der Immer-mit-dir-Seiende.« Klingt arg philosophisch oder ein bisschen wie »Der mit dem Wolf tanzt«, meint aber praktisch: »Ich war schon deine ganze krumme Familiengeschichte lang bei dir, und – verlass dich drauf – ich werde auch in den unmöglich scheinenden Aufgaben der Zukunft bei dir sein. Ich werde mit dir sein, in dir und durch dich wirksam sein. Mein Wesen ist so dynamisch, mein Name ist ein Tu-Wort.«

Und der Herr sprach: »Ich habe das Elend meines Volks in Ägypten gesehen, und ihr Geschrei über ihre Bedränger habe ich gehört; ich habe ihre Leiden erkannt. Und ich bin herniedergefahren, dass ich sie errette aus der Ägypter Hand und sie aus diesem Lande hinaufführe in ein gutes und weites Land, in ein Land, darin Milch und Honig fließt. So geh nun hin, ich will dich zum Pharao senden, damit du mein Volk, die Israeliten, aus Ägypten führst.« Mose sprach zu Gott: »Wer bin ich, dass ich zum Pharao gehe und führe die Israeliten aus Ägypten?« Er sprach: »Ich will mit dir sein. Und das soll dir das Zeichen sein, dass ich dich gesandt habe: Wenn du mein Volk aus Ägypten geführt hast, werdet ihr Gott dienen auf diesem Berge.« Mose sprach zu Gott: »Siehe, wenn ich zu den Israeliten komme und spreche zu ihnen: ›Der Gott eurer Väter hat mich zu euch gesandt!‹, und sie mir sagen werden: ›Wie ist sein Name?‹, was soll ich ihnen sagen?« Gott sprach zu Mose: »Ich werde sein, der ich sein werde.« Und sprach: »So sollst du zu den Israeliten sagen: ›Ich werde sein‹, der hat mich zu euch gesandt.«

# 26 Machtkampf bis aufs (Kinder-)Blut

*Zehn Umweltkatastrophen, ein Auszug*

»Let My People Go« ist ein Gospelklassiker geworden, weil die schwarzen Sklaven der USA den biblischen Machtkampf zwischen Mose und Pharao auf sich bezogen: Je dickköpfiger der ägyptische Despot den Unterdrückten die Freiheit verweigerte, umso schlimmer schlug die Natur zu: Wasser wurde blutrot; Frösche, Mücken, Ungeziefer, Tierseuche, Pest, Hagel, Heuschrecken und Dunkelheit kamen als sprichwörtliche »Plagen« über sein Volk. Bis plötzlich »alle Erstgeburt« tot in den Kinderbetten lag.

Alle neun Katastrophen (2. Mose/Exodus 7–10) könnten Ökologen modern »*bio*logisch« erklären. Den Verlust der Zukunft nicht. Soll man die zehnte Plage »historisch« interpretieren, als Rache für den Genozid an männlichen Hebräern (2. Mose/Exodus 1,16)? Dann bleibt der moralische Skandal, warum »alle« (!) ägyptischen Eltern so grausam für den Terror ihres einen Herrschers bestraft werden. Das Blut eines Lammes an die Türpfosten streichen, um dem Todesengel zu signalisieren: »Hier wohnen Sklaven, bitte vorübergehen«? Das mildert nicht die Frage nach dem Charakter des Gottes, der hier beschrieben wird.

»Übergehung« im Sinne von »Verschonung« heißt im Hebräischen »Pessach« (= Passa). Eins der wichtigsten Feste. Hier hat es den Ursprung: Kurz vor dem Aufbruch warte bitte niemand, bis die Hefe im Brotteig »geht«, also werden »ungesäuerte« Matzen als Wegzehrung mitgenommen. An Passa gibt's Meerrettich als Symbol der »Bitternis«, Petersilie als Symbol der Wedel, mit denen die Türpfosten bestrichen wurden, Apfelmus mit Nüssen in memoriam der Lehmziegel, die die Sklaven formten und Wein als Symbol für Blut und Befreiung. Aber: »Gefäße und Festgewänder« für den Exodus stammten doch von Ägyptern, und »viele Nichtisraeliten zogen mit ihnen«. Wie ethnisch oder religiös homogen also war dieser Tross eigentlich?

Mose rief alle Ältesten Israels zusammen. Er sagte zu ihnen: »Bringt Schafe herbei und schlachtet sie für das Passamahl. Nehmt ein Büschel Ysop und tunkt es in das Blut. Streicht etwas an den Türrahmen. Danach darf bis zum Morgen keiner mehr sein Haus verlassen. Der Herr wird umhergehen und den Ägyptern einen Schlag versetzen. Wenn er das Blut am Türrahmen sieht, wird der Herr vorübergehen.

Um Mitternacht erschlug der Herr alle Erstgeborenen im Land: den erstgeborenen Sohn des Pharao, der auf dem Thron saß, wie den Erstgeborenen eines Gefangenen, der im Kerker lag, und alle Erstgeburt beim Vieh. Noch in der Nacht ließ der Pharao Mose und Aaron rufen und sagte: »Brecht auf! Zieht alle fort von meinem Volk! Nur geht! Bittet euren Gott auch um Segen für mich.«

Das Volk nahm den ungesäuerten Brotteig. Zuvor hatten die Israeliten getan, was Mose gesagt hatte: Sie hatten die Ägypter um silberne und goldene Gefäße und um Festgewänder gebeten. All das nahmen sie mit. Ungefähr 600.000 Leute machten sich auf den Weg, die Frauen und Kinder noch gar nicht mitgezählt. Auch viele Nichtisraeliten zogen mit ihnen sowie eine riesige Herde aus Schafen, Ziegen und Rindern.

# 27 Es geht weder vor noch zurück

*Glaube versetzt Meere*

Die Szene bekam 1957 einen Oscar. Für den »Best Special Effect«. Regisseur Cecil B. DeMille hatte 1.300.000 Liter Wasser aus einem Tank fließen lassen, 14.000 Statisten und 15.000 Tiere aufgeboten. Heute macht das bei Disney-Pixar die Animationssoftware. Der Film »Die zehn Gebote« hat sich ins kollektive Gedächtnis der Menschheit eingebrannt.

Versuche, das Wunder der kurzfristigen Meeresteilung »natürlich« zu erklären (kein Meer, nur ein Sumpfgebiet; erst Dürre und Ebbe, dann Sturmflut), finde ich so bemüht wie Charlton Hestons Dialoge mit Yul Brynner. Mose gegen Pharao. Versuche, den Glauben anderer Christen daran zu messen, ob sie diesen Text für »wahr« halten, finde ich oberflächlich. Denn: Gottes Zusage am Dornbusch (»Ich bin der bei dir Bleibende«, 2. Mose/Exodus 3,14) »bewahrheitet« sich in der größten Panik. Mose beugt sich nicht der Geschichtsfälschung, so schlimm sei es in der Sklaverei gar nicht gewesen. Der Engel und die Wolke, denen sie bisher gefolgt waren, stellen sich »hinter sie«. Das heißt: Wenn dich die Vergangenheit einholt, aber die Zukunft verbaut ist – dann steht Gott schützend hinter dir. Gewalten, die unüberwindlich sind, bilden schützende Mauern, zwischen denen ein Weg entlangführt. Dass die Guten gerettet werden und die Bösen ertrinken, mag wie ein Kindermärchen klingen. Für die Juden aller Jahrhunderte, für die Unterdrückten aller Herrschaftssysteme, für die Schwarzen Amerikas und Südafrikas war und ist dieser Text sinnbildlich, identitätsstiftend, inspirierend.

Die – verfolgten! – Christen weltweit beziehen diesen Ur-Mythos des Judentums auch auf sich: Wenn sich in der Nacht zum Ostersonntag Menschen taufen lassen, sagen sie damit: Sogar das »Meer« des eigenen Todes wird sich teilen und durchschritten werden, weil der auferstandene Christus vor uns herging.

Die Israeliten sprachen zu Mose: »Es wäre besser für uns, den Ägyptern zu dienen, als in der Wüste zu sterben.« Da sprach Mose zum Volk: »Fürchtet euch nicht, steht fest und seht zu, was für ein Heil der Herr heute an euch tun wird. Der Herr wird für euch streiten, und ihr werdet stille sein.« Da erhob sich der Engel Gottes, der vor dem Heer Israels herzog, und stellte sich hinter sie. Und die Wolkensäule vor ihnen erhob sich und trat hinter sie und kam zwischen das Heer der Ägypter und das Heer Israels. Als nun Mose seine Hand über das Meer reckte, ließ es der Herr zurückweichen durch einen starken Ostwind die ganze Nacht und machte das Meer trocken, und die Wasser teilten sich. Und die Israeliten gingen hinein mitten ins Meer auf dem Trockenen, und das Wasser war ihnen eine Mauer zur Rechten und zur Linken. Und die Ägypter folgten, alle Rosse des Pharao, seine Wagen und Reiter, mitten ins Meer.
Aber der Herr sprach zu Mose: »Recke deine Hand aus über das Meer, dass das Wasser wiederkomme und herfalle über die Ägypter.« Da reckte Mose seine Hand aus, und das Meer kam gegen Morgen wieder. So stürzte der Herr sie mitten ins Meer.

# 28 Soll ich? Ja, sollst Du!

*Ein Grundgesetz für alle*

Wenn Sie schon mal Sozialgesetz- oder Strafrechtsbücher in die Hand nahmen – Vorsicht, Rücken! –, werden Sie die klare Kürze des »Grundgesetzes der Menschheit« bewundern: Es sind nur zehn Gebote! Knapper geht's nicht. Auf zwei Tafeln: die Gebote des Glaubens und die des guten Lebens. Und noch vor dem ersten begründet Gott, warum er sie überhaupt verordnet: »Ich habe dich aus der Knechtschaft geführt.« Ich, dein Befreier, mache jetzt den Gesetzgeber, weil Regellosigkeit zu Willkür und die zur Unfreiheit führt. Der Sinn der Ge- und Verbote ist der Erhalt deiner Freiheiten und Lebensräume, got it?

Nummer 1: Lass dich nie wieder von »fremden Göttern« versklaven. Von Mammon zum Beispiel, dem Götzen Geld. Materiale »Gottes«-Bilder wie Statuen oder Statussymbole führen zu ängstlichem Aberglauben, selbst erdachte Gottesbilder in verengte Religiosität, Menschen-»Götter« zu Staatsterror. Das hattet ihr ja schon. Von Pharao bis Hitler. Lass es!

Nummer 2: Wer mich für seine Ziele instrumentalisiert (»Gott mit uns«, stand auf den Gürtelschnallen deutscher Soldaten im Ersten Weltkrieg; »Allahu akbar«, riefen die IS-Schlächter), missbraucht meinen Namen, meine Autorität und die Ehrfurcht derer, die mir vertrauen. Ich muss zigtausendmal sagen: »Not in my name!« Machtmissbrauch rächt sich, verlasst euch drauf.

Nummer 3: Gönn dir Pausen und »lass es doch mal gut sein«. Ich zum Beispiel ruhte am siebten Tag. Nicht, weil ich erschöpft gewesen wäre, sondern weil ich »sah, dass es gut war« (1. Mose/Genesis 1,31). Ohne Sonntag wär immer Alltag, gäb's keinen Rhythmus, kein Ritual. Ist für Körper und Kinder aber gesünder.

Jüdische, anglikanische und evangelisch-reformierte Bibelleser zählen im Fremdgötter- und Bilderverbot zwei Gebote, Katholiken und Lutheraner nur eins. Mose ging's mehr um ihre Geltung als um die Zählung …

Und Gott redete alle diese Worte: »Ich bin der Herr, dein Gott, der ich dich aus Ägyptenland, aus der Knechtschaft, geführt habe. Du sollst keine anderen Götter haben neben mir. Du sollst dir kein Bildnis noch irgendein Gleichnis machen, weder von dem, was oben im Himmel, noch von dem, was unten auf Erden, noch von dem, was im Wasser unter der Erde ist: Bete sie nicht an und diene ihnen nicht! Denn ich, der Herr, dein Gott, bin ein eifernder Gott, der die Missetat der Väter heimsucht bis ins dritte und vierte Glied an den Kindern derer, die mich hassen, aber Barmherzigkeit erweist an vielen Tausenden, die mich lieben und meine Gebote halten. Du sollst den Namen des Herrn, deines Gottes, nicht missbrauchen; denn der Herr wird den nicht ungestraft lassen, der seinen Namen missbraucht. Gedenke des Sabbattages, dass du ihn heiligst. Sechs Tage sollst du arbeiten und alle deine Werke tun. Aber am siebenten Tage ist der Sabbat des Herrn, deines Gottes. Da sollst du keine Arbeit tun. Denn in sechs Tagen hat der Herr Himmel und Erde gemacht und das Meer und alles, was darinnen ist, und ruhte am siebenten Tage. Darum segnete der Herr den Sabbattag und heiligte ihn.«

# 29 Sieht jeder ein, oder?

*Faustformeln für ein gutes Leben*

Man muss weder gläubiger Jude noch Christ sein, um die zweite Tafel der Zehn Gebote für den lebensklügsten und menschenfreundlichsten Kurztext der Weltliteratur zu halten:

Nummer 4: »Ehre Vater und Mutter« – ein Alibi für prügelnde Preußen? Oder muslimische »Ehrenmorde«? Nein, ein Gebot für Eltern mit alten Eltern. Denn: Deine Kinder beobachten dich bereits! Sie werden dich als Tattergreis so behandeln, wie sie es sich von dir gerade abgucken.

Eltern lieben kann man vielleicht nicht immer. Sie respektieren aber schon. »Auf dass du lange lebst« – das erste Gebot mit einer Verheißung.

Nummer 5: »Töte nicht« ist das bekannteste Gebot. Gilt das auch für SEK-Scharfschützen? Oder für Metzger? Oder heißt es nur: »Du sollst nicht morden«?

Nummer 6 war nie sexfeindlich. Dass wir einander begehren, hat Gott erfunden. Aber wer ist so gut im Bett, dass sich dafür die Beschädigung zweier Familien lohnt und dass Mütter und Väter die Achtung ihrer Kinder verspielen?

Nummer 7 klingt simpel, wird aber durch Nummer 8 spannend: Raube auch niemandem den Ruf! An der Aktienbörse und im Boulevardjournalismus verdient viel Geld, wer »falsch Zeugnis redet«. Lüge trotzdem nicht über andere, lass das Ablästern.

Nummer 9 und 10: Neid frisst Lebenszufriedenheit. Gier ist ein selbstzerstörerischer Nimmersatt. Es wird immer jemanden geben, der talentierter, hübscher, erfolgreicher und reicher ist als du. Oder glücklicher verheiratet. Na und? »Gelb vor Neid« sieht niemand gut aus. Übellaunig auf andere schielend auch keiner.

Was Wunder, dass es die Zehn Gebote über 3.000 Jahre hinweg über die Grundlagentexte der Religionen, die Aufklärung und die Verfassungen moderner Staaten bis in die »Allgemeine Erklärung der Menschenrechte« von 1949 geschafft haben?!

»Du sollst deinen Vater und deine Mutter ehren, auf dass du lange lebest in dem Lande, das dir der Herr, dein Gott, geben wird. Du sollst nicht töten. Du sollst nicht ehebrechen. Du sollst nicht stehlen. Du sollst nicht falsch Zeugnis reden wider deinen Nächsten. Du sollst nicht begehren deines Nächsten Haus. Du sollst nicht begehren deines Nächsten Frau, Knecht, Magd, Rind, Esel noch alles, was dein Nächster hat.«

# 30 Immer geht's um Geld, Macht, Sex …

*… und ein goldenes Kalb*

Würden Sie Ihren Ehering und die Lieblingsbrosche Ihrer Oma einschmelzen lassen? Um damit den stählernen Stier und den Bären vor der Frankfurter Börse zu vergolden? Nun gut, das sind nur Symbolfiguren für Aktiengewinne und -verluste. Der »Tanz ums Goldene Kalb« findet auf den Bildschirmen der Wertpapierhändler statt. Aber: Warum opfern die Leute widerspruchslos etwas sehr Persönliches für die Allgemeinheit? Wüstenguide Mose ist schon seit 40 Tagen unauffindbar (2. Mose/Exodus 24,18), sein älterer Bruder Aaron ist keine echte Autorität, und dieser Jahwe-Gott, von dem Mose redete, ist so konturlos, so unbegreifbar wie eine Wolke oder ein Feuerschein (2. Mose/Exodus 13,21). Nix Handfestes bietet dieser Glaube. Nicht in den Griff zu kriegen, dieser Gott. Dann bitte doch lieber ein Symbol wenigstens für Reichtum, Kraft und Lebensfreude! Ein Sinn-Bild, das Geld, Macht und Sex verspricht.

Machtvakuum plus Verlassenheitsangst plus Ratlosigkeit lassen Ersatz-»Götter« entstehen. Goldglänzend, jung und stark wie ein Stierkalb und Hoden wie ein Bulle! Dem sprichwörtlich gewordenen »Goldenen Kalb« werden bis heute magische Kräfte zuerkannt. Geschichtsfälschungen sind schnell zur Hand (»*Das* sind die Götter, die dich aus Ägypten geführt haben!«) und Verehrungsfeiern mit Tendenz zur Orgie kein Problem.

Warum Moses älterer Bruder Aaron den Unsinn mitmacht, wie er rein technisch jene 1.064 Grad Hitze erzeugt, die Gold zum Schmelzen bringt, und ob hier die frevelhaften Stierkalb-Skulpturen des israelischen Königs Jerobeam II (786–746 vor Christus; 1. Könige 12,28) erzählerisch in die Mose-Geschichte rückprojiziert wurden, spielt für die Botschaft der Szene keine Rolle: Der »Tanz ums Goldene Kalb« schadet den Tanzenden, verletzt die guten Regeln und macht deshalb Gott »flammend wütend« (2. Mose/Exodus 32,10).

Das Volk merkte, dass Mose lange nicht vom Berg herabkam. Da lief das Volk zusammen und redete auf Aaron ein: »Auf, mach uns Götter, die uns anführen! Denn wir wissen nicht, was mit diesem Mose geschehen ist – dem Mann, der uns aus Ägypten hierhergeführt hat.« Da befahl ihnen Aaron: »Reißt die goldenen Ringe ab, die eure Frauen, Söhne und Töchter an den Ohren tragen! Dann bringt sie her zu mir!« Da rissen sich alle die goldenen Ringe von den Ohren und brachten sie Aaron. Der nahm das Gold von ihnen entgegen. Dann bearbeitete er es mit dem Meißel und machte ein goldenes Kalb daraus. Da riefen sie: »Das sind deine Götter, Israel! Die haben dich aus dem Land Ägypten geführt.« Als Aaron das sah, baute er davor einen Altar und ordnete an: »Morgen ist ein Fest für den Herrn.« Am nächsten Tag standen sie früh auf und brachten Brandopfer und Schlachtopfer dar. Das Volk setzte sich nieder. Sie aßen und tranken. Dann standen sie auf, um sich zu vergnügen.

# 31 Viel Glück und viel Segen …

*Mehr als »Alles Gute!«*

»Puh, ein Segen!« – wann sagten Sie das? Als Sie haarscharf an einem schweren Verkehrsunfall vorbeischrammten? Als die Krebsdiagnose »negativ« lautete? Oder wenn Sie ein Geburtstagsständchen singen? Der Wunsch, von menschlich unverfügbaren Mächten und Kräften geschützt und begünstigt zu werden, ist älter als Harry Potters Zaubersprüche. Ob feierliche Worte »was nützen«, ist die Frage nach der dahinterstehenden Autorität. Ein 100-Euro-Schein wäre nur ein grünes Stück Papier, wenn nicht das geballte Bruttosozialprodukt einer Volkswirtschaft ihm »Kaufkraft« verleihen würde.

»Gottes Segen« ist mehr als ein schnell dahingesagter, netter Glückwunsch. Er ist ein »Machtwort«. Nicht Mose, nicht Aaron, nicht irgendwer, sondern: »Der Herr segne und behüte dich.« Achtung, Nachsatz: »Sie sollen meinen Namen auf die Israeliten legen.« Gott bürgt mit seinem Namen, Gott »signiert« da die Zusicherung, dass der Mensch »behütet«, also in der »Obhut« Gottes bleibt, was auch geschieht. Dass Gott sein »Angesicht über ihm leuchten lässt« – also seine Menschlichkeit nach Gottes Ebenbild erhalten bleibt. Dass er ihm »gnädig« ist, also nicht alles so kommen wird, wie es aufgrund seiner Fehler kommen müsste. Und dass er ihm »Frieden« wünscht. Mit sich selbst und den anderen. Schutz, Humanität, Nachsicht, Frieden. In nur drei Sätzen.

Kein Wunder, dass man 1979 in den Höhlen von Qumran kleine Silberamulette aus dem 7. Jahrhundert vor Christus (!) fand, die genau diesen Text enthielten. Dass Jesus und seine Freunde ihn in der Synagoge hörten. Dass er an den jüdischen Festen Passa und Sukkot aus den Lautsprechern an der Klagemauer in Jerusalem quäkt und Martin Luther ihn 1526 als Schlusssatz evangelischer Gottesdienste festlegte. Ist doch werthaltiger als ein lockeres »Schön' Sonntach noch«, oder?

Und der Herr redete mit Mose und sprach: »Sage Aaron und seinen Söhnen und sprich: So sollt ihr sagen zu den Israeliten, wenn ihr sie segnet: ›Der Herr segne dich und behüte dich; der Herr lasse sein Angesicht leuchten über dir und sei dir gnädig; der Herr hebe sein Angesicht über dich und gebe dir Frieden.‹ So sollen sie meinen Namen auf die Israeliten legen, dass ich sie segne.«

# 32 Ohne Motivationstrainer …

*… besser ermutigt*

Über kaum etwas in der Bibel streiten die Gelehrten so erbittert wie über die Frage, ob die »Kinder Israels« unter General Josua einmalig und kriegerisch das »Gelobte Land« eroberten oder 200 Jahre lang halbwegs friedlich einsickerten; ob sie die dort ansässigen Völker massakrierten oder sich bei ihnen integrierten; ob dieser Text von Josuas Berufung erzählt oder in Wirklichkeit 500 Jahre später entstand, als sich ein (Reform-)König Josia damit als »neuer Josua« empfehlen wollte (2. Könige 23,3). Ich weiß es doch auch nicht.

Aber während die Archäologen Scherben datieren und die »Bibeltreuen« den Glaubenszollstock ausklappen, können Sie doch mal überlegen: Was motiviert jemanden, der in den tiefen Spuren seines legendären Vorgängers nur stolpern kann und einen Job machen soll, den er nicht üben konnte? Der eben kein Job ist, sondern eine Herausforderung, zu der man »berufen« sein müsste? Firmengründer-Erben und Kinder von Künstlergenies kennen so was.

Im 21. Jahrhundert gibt's für ängstliche Karrierestarter kraftstrotzende Motivationstrainer, die sagen: »Stell dich vor den Spiegel und sage ›Tschakka!‹« Oder sanfte Ratgeberautorinnen, die flüstern: »Sei achtsam und gut zu dir.« Oder euphorische Fernsehprediger, die schreien: »Glaub an dich, spende an mich und alles wird gut.«

Gott sagt zu Josua: »Es wird Gründe geben, untröstlich, verzagt und entsetzt zu sein«, aber: »Lies die Gebote, bis du sie auswendig kannst, bleib in ihrer Spur und überdehne sie zu keiner Seite, richte deine Wege nach diesem Kompass, dann wirst du auch etwas ausrichten.«

Und dann kommt jener Trost- und Ermutigungsspruch für Grußkarten, Kalenderblätter und Kaffeetassen, der mit dem historischen Josua und dem Prozess der »Landnahme Kanaans« gar nichts zu tun haben muss. Weil Gott ihn zeitlos zusagt.

Mose, der Knecht des Herrn, war gestorben. Ihm hatte Josua, der Sohn des Nun, gedient. Da sagte der Herr zu Josua: »Mein Knecht Mose ist tot. Jetzt mach dich auf und überquere den Jordan! Zieh mit dem ganzen Volk in das Land, das ich ihnen, den Israeliten, geben will. Sei nur ganz stark und mutig! Gib acht, dass du ganz nach der Weisung handelst, die dir mein Knecht Mose gegeben hat! Du sollst davon nicht abweichen, weder nach rechts noch nach links. So hast du Erfolg bei allem, was du unternimmst. Hör nicht auf, in dem Gesetzbuch zu lesen, und denk Tag und Nacht darüber nach. So weißt du, worauf du achtgeben musst. Dann wird dir alles gelingen, was du unternimmst. Dann hast du Erfolg. Ich habe dir doch gesagt, dass du stark und mutig sein sollst! Fürchte dich nicht und schrecke vor nichts zurück! Denn der Herr, dein Gott, ist mit dir bei allem, was du unternimmst!«

# 33 Die Mauer wegpusten

*Vom ersten Posaunenchor*

Unter den rund 2,5 Millionen Touristen pro Jahr, die Jericho besuchen, weil es mit 250 Metern unterm Meeresspiegel die tiefliegendste Stadt der Welt sein soll, sind bestimmt etliche jener 117.000 Blechbläser, die im deutschen evangelischen Posaunenverband tuten und blasen. Enttäuscht von der Auskunft, es gäbe keine archäologischen Beweise für eine von Josua zerstörte Stadtmauer, trösten sie sich mit der Erklärung, die Ruinen seien halt später im erodierenden Boden versunken. Oder sie stimmen den Gospelklassiker »Joshua Fit the Battle of Jericho« an, lassen die historische (Un-)Beweisbarkeit dieses Textes auf sich beruhen und denken an den 9. November 1989.

Denn – Hand aufs Herz – dass tagelanges geordnetes Herummarschieren, sprichwörtliches »Inshornstoßen« und schreiende Sprechchöre physische und politische Mauern zum Einsturz bringen können, das haben doch die »Priester«, die Kirchenmusiker, die Beter und Kerzenträger, die Liedermacher und Bands, die Demonstranten der DDR bewiesen, oder? Wenn »Fanfaren« »mit Pauken und Trompeten« »zum Angriff blasen« – unsere wunderbare Umgangssprache! –, dann stimuliert und solidarisiert das die Marschierer, alarmiert die Gegner und verhindert, im besten Fall wie 1989, den Einsatz von Waffen.

Im 12. Jahrhundert *vor* Christus verübt Josua im eroberten Jericho grässliche Kriegsverbrechen – nach unserem heutigen Rechtsverständnis –, und die Chronisten damals (und Fundamentalisten heute) feiern das als »im Namen Gottes geschehen«. *Nach* Christus (eben!), ab 1955 zum Beispiel, sangen die Marschierer in Washington »We Shall Overcome« gegen die Mauern des Rassismus. Und 2019 sangen die Bürgerrechtler in Hongkong »Sing Hallelujah to the Lord« gegen die Mauern der Diktatur. Beide Mauern stehen noch in unserer humanitär tiefstgelegenen »Jericho«-Welt. Deshalb muss aus vollem Hals weitergetrötet werden, finde ich.

Da sprach der Herr zu Josua: »Sieh, ich habe Jericho samt seinem König und seinen Kriegsleuten in deine Hand gegeben. Lass alle Kriegsmänner einmal rings um die Stadt herumgehen und tu so sechs Tage lang. Und lass sieben Priester sieben Posaunen tragen vor der Lade her, und am siebenten Tage zieht siebenmal um die Stadt und lass die Priester die Posaunen blasen. Und wenn man das Horn bläst und ihr den Schall der Posaune hört, so soll das ganze Volk ein großes Kriegsgeschrei erheben. Dann wird die Stadtmauer einfallen, und das Volk soll hinaufsteigen, ein jeder, wo er gerade steht.« Da erhob das Volk ein Kriegsgeschrei, und man blies die Posaunen. Und als das Volk den Schall der Posaunen hörte, erhob es ein großes Kriegsgeschrei. Da fiel die Mauer um, und das Volk stieg zur Stadt hinauf, ein jeder, wo er gerade stand. So nahmen sie die Stadt ein.

# 34 In Zukunft nur mit Schwiegermutter?!

*Tränenreiche Entscheidung*

»Woher kenn ich die … wart mal … die ältere Dame zwei Tische hinter dir. Aber Dreh! Dich! Nicht! Um! Menschenskind.« Ihre Freundin gegenüber am Café-Tisch hat sich natürlich schon kurz umgedreht: »Das ist Noomi.« – »Wer?« – »Noomi. Die war doch mit ihrem Mann während der Wirtschaftskrise damals ausgewandert.« – »Ach.« – »Ihr Mann starb, ihre zwei Söhne heirateten und starben kurz hintereinander auch.« – »Schicksale gibt's!« – »Drei Männer innerhalb weniger Jahre beerdigt, ja. Und nicht mal Oma geworden.«

Die gut informierte Freundin neigt den Kopf zur Seite. Jetzt kann sie, die Neugierige, Noomi da drüben genauer betrachten. »Wie's heulende Elend sieht sie aber nicht aus.« – »Nee. Soviel ich weiß, ist die eine der verwitweten Schwiegertöchter zwar drüben geblieben in ihrer Heimat, aber die andere ist mit Noomi hierher zurückgekehrt. Rut heißt die.« – »Eine Ausländerin.« – »Yep.« – »Die sich jetzt hier bei uns 'nen Neuen sucht?« – »Wahrscheinlich. Wird aber schwierig für sie, weil ja noch die alte Schwiegermutter dranhängt. Versorgungstechnisch, meine ich.«

Beide grinsen bedauernd und nippen fast gleichzeitig an ihren Capuccinotassen. »Und warum hat diese Rut das gemacht? Sich so an ihre Schwiegermutter zu binden? Als erwerbslose Singlefrau, als Migrantin bei uns?«

Das wissen wir bis heute nicht. Liebe? Glaube? Hoffnung? Verantwortung? Was Rut sagte, als ihre Schwägerin umkehrte, sie jedoch bei Noomi blieb, das steht im Bibeltext. Als Rut einen Mann für sich und eine Alterssicherung für ihre Schwiegermutter gefunden hat, kriegt sie ein Kind, und Oma Noomis Freundinnen sagen etwas sehr Feministisches: »Deine Schwiegertochter, die dich liebt, ist dir mehr wert als sieben Söhne!« (Rut 4,15). Ruts Kind, später der Großvater von König David, steht übrigens in der Ahnentafel von Jesus.

Noomi machte sich auf und zog aus Moab weg, zusammen mit ihren Schwiegertöchtern. Unterwegs sagte Noomi zu ihren beiden Schwiegertöchtern: »Kehrt um! Geht zu euren Müttern zurück! Der Herr soll euch genauso lieben, wie ihr die Verstorbenen und auch mich geliebt habt. Er soll dafür sorgen, dass ihr ein neues Zuhause findet bei neuen Ehemännern.« Noomi küsste die beiden. Aber sie weinten laut und baten Noomi: »Lass uns mit dir zu deinem Volk zurückkehren!« Doch Noomi erwiderte: »Kehrt um, meine Töchter! Warum wollt ihr mit mir gehen? Ich kann keine Söhne mehr zur Welt bringen, die euch heiraten würden.« Da weinten die beiden noch lauter. Orpa küsste ihre Schwiegermutter zum Abschied. Aber Rut blieb bei Noomi.

Noomi sagte zu Rut: »Schau! Deine Schwägerin ist umgekehrt zu ihrem Volk und zu ihrem Gott. Mach es wie sie: Kehr um!« Aber Rut antwortete: »Schick mich nicht fort! Ja, wohin du gehst, dahin gehe auch ich. Und wo du bleibst, da bleibe auch ich. Dein Volk ist mein Volk, und dein Gott ist mein Gott! Wo du stirbst, da will auch ich sterben, und da will ich auch begraben sein. Nichts kann mich von dir trennen außer dem Tod.«

# 35 Überraschung beim Casting

*Topjob ohne Bewerbungsgespräch*

Headhunter verbergen ihre Absichten manchmal. Samuel geht nach Bethlehem, vorgeblich, um einen Gottesdienst zu feiern. Tatsächlich aber sucht er unter den kraftstrotzenden Söhnen des Isai einen möglichen Thronfolger für den glücklosen König Saul.

Wenn Sie Ihre allerfeinsten Bewerbungsunterlagen präsentieren, alle Fragen positiv beantwortet haben, aber der Personalchef gähnt und schüttelt den Kopf – ist das peinlich?! Sieben Kandidaten, Vater Isai platzt vor Stolz, Casting-Juror Samuel will schon auf den Buzzknopf hauen, da sagt seine innere Stimme: »Du siehst gutes Aussehen und hohen Wuchs. Gott aber sieht das Herz an.«

In der Oberflächenfixierung unserer bildergefluteten Welt werden nicht nur Frauen nach Busen und Beinen statt nach Qualifikation bewertet, sondern auch Männer nach Optik: Über 1,80 Meter groß, aber unter 85 Kilogramm schwer kriegt man(n) mehr Einstiegsgehalt angeboten als ein kleiner Dicker.

»Hast du noch weitere Söhne?«, fragt Samuel. Und Isai, knallrot und schweißnass: »Äh, ja, aber der ist bei den Schafen.« Also zum Bewerbungsgespräch gar nicht erschienen?! Samuels hörbar gereizter Satz: »Wir setzen uns nicht nieder, bis er hergekommen ist!«, heißt übersetzt: »Sach ma, wollt ihr mich verarschen?!«

Gott sieht das Herz an. »Fürsorge ist ihm also wichtiger als Karriere«, merkt Samuel. Ein Hirte muss fürsorglich, sanft, aber auch vorausschauend, zäh, ausdauernd, mutig sein. Mit der Herde ist ihm die Existenzgrundlage ganzer Großfamilien anvertraut, er kalkuliert die Wegezeiten und Etappen immer nach den Schwächsten in der Gruppe, denn die Lämmer von heute sind die Herde von morgen. Ein mütterlicher Monarch wird das werden. Und Samuel nominiert, designiert vom Fleck weg den viel zu kleinen, viel zu jungen Hirten David zum künftigen König Israels.

Und der Herr sprach zu Samuel: »Ich will dich senden zu dem Bethlehemiter Isai; denn unter seinen Söhnen hab ich mir einen zum König ersehen.«
Als sie nun kamen, sah er den Eliab an und dachte: »Fürwahr, da steht vor dem Herrn sein Gesalbter.« Aber der Herr sprach zu Samuel: »Sieh nicht an sein Aussehen und seinen hohen Wuchs: Ein Mensch sieht, was vor Augen ist; der Herr aber sieht das Herz an.« So ließ Isai seine sieben Söhne an Samuel vorübergehen; aber Samuel sprach zu Isai: »Der Herr hat keinen von ihnen erwählt.« Und Samuel sprach zu Isai: »Sind das die Knaben alle?« Er aber sprach: »Es ist noch übrig der jüngste; und siehe, er hütet die Schafe.« Da sprach Samuel zu Isai: »Sende hin und lass ihn holen! Wir werden uns nicht niedersetzen, bis er hierhergekommen ist.« Da sandte er hin und ließ ihn holen. Und er war bräunlich, mit schönen Augen und von guter Gestalt. Und der Herr sprach: »Auf, salbe ihn, denn der ist's.« Da nahm Samuel sein Ölhorn und salbte ihn mitten unter seinen Brüdern. Und der Geist des Herrn geriet über David von dem Tag an und weiterhin. Samuel aber machte sich auf und ging nach Rama.

# 36 Weniger ist effektiver

*Die David-gegen-Goliat-Formel*

Aufsichtsrats-Krisensitzung auf der Chefetage. Die Luft brennt. Umsatz, Gewinn und Börsenkurs sind im freien Fall. Ein riesiger Hedgefonds plant die feindliche Übernahme des Konzerns. Gerötete Gesichter, gelockerte Schlipsknoten am Konferenztisch. Die Tür geht auf, klappernd schiebt der Praktikant vom Cateringservice den Büfettwagen rein und sagt: »Ich hab die Lösung eurer Probleme!«

Kein Wunder, dass Hirtenjunge David erst mal genervten Ärger auslöst, als er seinen Brüdern an der Kriegsfront was zu essen bringt. König Saul ist verzweifelt genug, das lächerliche Hilfsangebot des Jungen anzunehmen, und handelt nach dem traditionell männlichen Prinzip »Viel hilft viel«: Aufrüsten! Materialschlacht! Aber für so viel Hightech ist David gar nicht ausgebildet. Als Ramboriese Goliat den Kleinen sieht, lacht er sich schlapp, und das ist sein strategisch tödlicher Fehler: Ein Steinchen aus Davids Zwille dringt ihm ins Hirn.

Ist ja sprichwörtlich geworden. Klein besiegt Groß. Junger Whistleblower fegt alte Regierung weg. Arme Witwe gewinnt vor Gericht gegen Mafiaboss. »David gegen Goliat«, lauten dann die Schlagzeilen.

Vergessen wird dabei, was genau David wütend machte, welches Motiv seinen Kampfgeist stimulierte: »Ich komme zu dir im Namen des Gottes, den du verhöhnt hast!« Die Verachtung aller religiösen und ethischen Werte, der Spott über Gott und seine Gebote entzünden Davids Tapferkeit. Ungeschützt, im Hirtenhemd, physisch wie technisch irrwitzig unterlegen, tritt er der Übermacht entgegen. Weil der »Hüter Israels«, wie sich Gott selbst nennt, erklärtermaßen aufseiten der Schwächeren steht. Immer schon. Lieber Hirn statt Helm, lieber schlank und schlau als dick und doof – die »David-gegen-Goliat-Formel« der Effizienz funktioniert bis heute.

Aus den Lagern der Philister trat ein Riese mit Namen Goliat. Er rief: »Erwählt einen unter euch. Erschlägt er mich, so wollen wir eure Knechte sein; siege ich, so sollt ihr unsere Knechte sein.« Da Saul und ganz Israel diese Rede hörten, fürchteten sie sich sehr.
Isai aber sprach zu seinem Sohn David: »Nimm für deine Brüder diesen Scheffel geröstete Körner und diese zehn Brote und bringe sie ins Lager.« Da machte sich David auf und kam zur Schlachtreihe. Und als er noch mit seinen Brüdern redete, siehe, da kam der Riese mit Namen Goliat und redete dieselben Worte.
Da sprach David zu den Männern: »Was wird man dem tun, der diesen Philister erschlägt und die Schande wendet?« Und als sie David hörten, brachten sie es vor Saul, und er ließ ihn holen. Und David sprach: »Der Herr, der mich von dem Löwen und Bären errettet hat, der wird mich auch erretten von diesem Philister.«
Und Saul legte David seine Rüstung an. Und David gürtete sein Schwert und versuchte zu gehen; aber er war es nicht gewohnt. Da sprach David zu Saul: »Ich kann so nicht gehen«; und er legte es ab und nahm seinen Stab und wählte fünf glatte Steine und tat sie in die Hirtentasche und nahm die Schleuder und ging dem Philister entgegen.
Und der Philister sprach: »Bin ich ein Hund, dass du mit dem Stecken kommst?« Und der Philister fluchte David. David aber sprach: »Du kommst zu mir mit Schwert, ich aber komme zu dir im Namen des Herrn Zebaoth.« Und David tat seine Hand in die Tasche und nahm einen Stein und schleuderte ihn und traf den Philister an der Stirn, dass der Stein in seine Stirn fuhr und er zur Erde fiel auf sein Angesicht.

# 37 Sex and Crime …

*… zwischen Regierungsbüro und Lotterbett*

Wie ein »Tatort«-Trailer im Fernsehen: Der König ist ein Spanner und die nackte Nachbarin von »sehr schöner Gestalt«. Sie muss mit ihm schlafen, denn der König ist ein Potentat in des Wortes doppelter Bedeutung. Das wäre die #MeToo-Version. Vielleicht will sie es auch, denn »Macht macht sexy«, schreiben die Boulevardblätter, wenn alte Politiker junge Frauen rumkriegen. Dem gehörnten Gatten seiner Geliebten gewährt er einen Sonderurlaub, damit der sich von den Strapazen des Krieges auf die angenehmste aller Arten erholen kann. Erfährt er später, dass seine Frau schwanger ist, na, dann freut er sich doch! So plant man Kuckuckseier.

Pech für David: Aus Solidarität mit seinen kämpfenden Kameraden bleibt Uria übers Wochenende in der Kaserne. Verhält sich also nobler als jener deutsche Verteidigungsminister, der 1999 auf Mallorca mit der Geliebten planschte, während seine Soldaten in Mazedonien ihr Leben riskierten.

Plan B muss her: eine taktische Anordnung an Urias Vorgesetzten, ein »Himmelfahrtskommando«. Endlich: Batsebas Ehemann stirbt im Kampf für König, Volk und Vaterland, kann mit Flagge auf dem Sarg und Nationalhymne beerdigt werden. Davids zynischer Kommentar, als ihm die verlustreiche Schlacht beschrieben wird: »Kann passieren. Shit happens« (2. Samuel 11,25). Batseba ist jetzt Witwe und nach Ablauf des Trauerjahres ganz legal heiratsfähig. Also Schwamm über die Sache und flugs vor den Traualtar mit der jungen Mutter.

Ende gut, alles gut? Von wegen. Warum haben Davids Hofchronisten diese Sauerei nicht verschwiegen? Warum steht das in der Bibel?! Batseba ist eine von nur vier Frauen, die in der sogenannten »Ahnentafel« des Jesus Christus von Evangelienautor Matthäus erwähnt werden (Matthäus 1,6)! Vielleicht deshalb: weil »dem Herrn die Tat missfiel« (2. Samuel 11,27) und es für den Ehebrecher noch sehr, sehr eng werden wird.

Und es begab sich, dass David um den Abend aufstand von seinem Lager und sich auf dem Dach des Königshauses erging; da sah er vom Dach aus eine Frau sich waschen; und die Frau war von sehr schöner Gestalt. Und David sandte Boten hin und ließ sie holen. Und als sie zu ihm kam, schlief er bei ihr. Und sie kehrte in ihr Haus zurück. Und die Frau ward schwanger und sandte hin und ließ David sagen: »Ich bin schwanger geworden.«

Und David sprach zu Uria: »Geh hinab in dein Haus und wasch deine Füße.« Aber Uria legte sich schlafen vor der Tür des Königshauses, wo alle Knechte seines Herrn lagen, und ging nicht hinab in sein Haus.

Am Morgen schrieb David einen Brief an Joab und sandte ihn durch Uria. Er schrieb aber in dem Brief: »Stellt Uria vornehin, wo der Kampf am härtesten ist, und zieht euch hinter ihm zurück, dass er erschlagen werde und sterbe.« Als nun Joab die Stadt belagerte, stellte er Uria an den Ort, von dem er wusste, dass dort streitbare Männer standen. Und als die Männer der Stadt einen Ausfall machten und mit Joab kämpften, fielen etliche vom Volk, von den Knechten Davids, und Uria, der Hetiter, starb auch.

# 38 Taktisch raffiniert bugsiert

*Ein Monarch geht auf die Knie*

Natan bekommt einen Audienztermin und erzählt dem König eine haarsträubende Geschichte. Der ist oberster Richter seines Volkes, springt entrüstet auf: »Der Schuft soll sterben!« Natan blinzelt die Wände entlang, ob der Palast noch einen Hinterausgang hat. Er wäre ja nicht Davids erstes Mordopfer. Dann sagt er: »Du bist dieser Mann. Ich rede von dir und Batseba!«

Geniale Gesprächstaktik: Der Angesprochene hat sich selbst das Urteil gesprochen. Erstaunlich: Das Rechtsempfinden des Ehebrechers und Mörders ist noch intakt! David kontert ja nicht: »Na und? Uria war halt ein Verlierertyp und konnte so ein Klasseweib gar nicht halten.« Oder: »Natan, mach dich locker. Wenn's für Batsi okay war, ist es für mich auch okay.« Nein, David hat Verantwortungsbewusstsein, er ist ein »gestandener Mann«, der geradesteht für sein Verhalten.

Natan verkündet jetzt Gottes Gerichtsurteil, und der für David furchtbarste Satz daraus heißt: »Du hast mich, den Herrn, und mein Wort verachtet.« Dich? Wieso dich? Weil Gott erklärtermaßen auf der Seite der Benachteiligten und Entrechteten steht. Batseba hatte keine Wahl, Uria auch nicht. Deren Rechte mit Füssen zu treten bedeutet aber: Gott selbst verhöhnen. Genau das hatte David doch vor Jahren an Goliat geärgert! »Weil du Gott, den Herrn, verhöhnst …«, hatte er als kleiner Hirtenjunge dem Riesen entgegengebrüllt (1. Samuel 17,45). David merkt: Ich bin Goliat geworden! Beim Blick in den Spiegel schaut mich die Fratze meines Feindes an. Sexuelles Begehren und Machtmissbrauch haben mich zu genau jenem Mann gemacht, der ich nie sein wollte! Aber den Feind im eigenen Herzen besiegt man halt nicht mit fünf Kieselsteinen. David geht auf die Knie und zeigt das, was sich alle von einem Kriminellen wünschen: echte Reue.

Der Herr schickte Natan zu David. Als er zu ihm kam, erzählte er ihm eine Geschichte: »Zwei Männer lebten in einer Stadt. Der eine war reich, der andere arm. Der Reiche hatte sehr viele Schafe und Rinder. Der Arme aber hatte nichts als ein kleines Lamm. Es war für ihn wie eine Tochter. Eines Tages kam ein Reisender zu dem reichen Mann. Und es war üblich, ein Essen für den Gast zuzubereiten, der zu ihm gekommen war. Doch der reiche Mann wollte seinen Besitz schonen und keines von seinen Schafen und Rindern nehmen. Deshalb nahm er das Lamm des armen Mannes. Das bereitete er zu und setzte es dem Gast vor, der zu ihm gekommen war.«
David wurde sehr zornig über den Mann und sagte zu Natan: »So gewiss der Herr lebt! Ein Kind des Todes ist der Mann, der das getan hat!« Doch Natan entgegnete David: »Du bist der Mann! So spricht der Herr, der Gott Israels: Ich habe dich zum König über Israel gesalbt und dich aus der Hand Sauls gerettet. Warum hast du das Wort des Herrn verachtet?« Da bekannte David vor Natan: »Ich habe unrecht getan gegenüber dem Herrn!«

# 39__Sie wünschen?

*Demut wird Lottojackpot*

Was haben Walt Disney, Marlene Dietrich und Alfred Hitchcock gemeinsam? Sie waren prominente Rate-Kandidaten in der ersten Quizshow des Fernsehens, »What's My Line?«, seit 1950. Deutsch abgekupfert und 34 Jahre lang gesendet als Robert Lembkes »Was-bin-ich?«-Spiel, gefolgt von bisher 98 weiteren TV-Quiz-Formaten. Aus den fünf Deutschen Mark, die Lembke ins »Schweinderl« steckte, sind Millionenbeträge geworden, die jeder gewinnen kann, der genügend unnützes Wissen besitzt.

Prinz Salomo gewinnt weit mehr. Dadurch, dass er sagt, was er nicht weiß. »Ich bin noch jung und weiß nicht aus noch ein.« Die Lage ist heikel: Sein legendärer Vater David ist tot, sein jüngerer Bruder Absalom ein gefährlicher Hallodri, sein Land in zwei Reiche gespalten. Jetzt soll er, Salomo, Thronfolger sein und regieren? Moderne Diktatoren würden sagen: Gib mir genügend Geld und Waffen, den Rest regel ich selber. Verständlich, dass Salomo schlecht schläft und sich im Traum Gott wie eine Zauberfee vorstellt.

Für Boulevardpresse und TV-Zuschauer interessant ist ja, was sich die Leute von dem gewonnenen Geld kaufen wollen. Salomo wünscht sich, was man nicht kaufen kann: ein weises und verständiges Herz, um auf das Recht zu hören. Und das Urteilsvermögen, Gut und Böse zu unterscheiden. Wow. Für die Einsicht, diese Eigenschaften dringend zu brauchen, gibt es ein altmodisches Wort: Demut. »De-Mut«? Das meint nicht Mutlosigkeit, wie man meinen könnte. Oder Minderwertigkeitskomplexe und falsche Bescheidenheit, sondern richtige Selbsteinschätzung. Das Gegenteil von Hochmut.

»Das gefiel dem Herrn«, weshalb es während Salomos Regierungszeit kein böses Erwachen, sondern traumhafte Boni on top gab, um die er gar nicht gebettelt hatte: Reichtum, Ehre und historische Einzigartigkeit.

Und der Herr erschien Salomo zu Gibeon im Traum des Nachts, und Gott sprach: »Bitte, was ich dir geben soll!« Salomo sprach: »Nun, Herr, mein Gott, du hast deinen Knecht zum König gemacht an meines Vaters David statt. Ich aber bin noch jung, weiß weder aus noch ein. So wollest du deinem Knecht ein gehorsames Herz geben, dass er dein Volk richten könne und verstehen, was gut und böse ist. Denn wer vermag dies dein mächtiges Volk zu richten?«

Das gefiel dem Herrn, dass Salomo darum bat. Und Gott sprach zu ihm: »Weil du darum bittest und bittest weder um langes Leben noch um Reichtum noch um deiner Feinde Tod, sondern um Verstand, auf das Recht zu hören, siehe, so tue ich nach deinen Worten. Siehe, ich gebe dir ein weises und verständiges Herz, sodass deinesgleichen vor dir nicht gewesen ist und nach dir nicht aufkommen wird. Und dazu gebe ich dir, worum du nicht gebeten hast, nämlich Reichtum und Ehre, sodass deinesgleichen keiner unter den Königen ist zu deinen Zeiten. Und wenn du in meinen Wegen wandeln wirst, dass du hältst meine Satzungen und Gebote, wie dein Vater David gewandelt ist, so will ich dir ein langes Leben geben.«

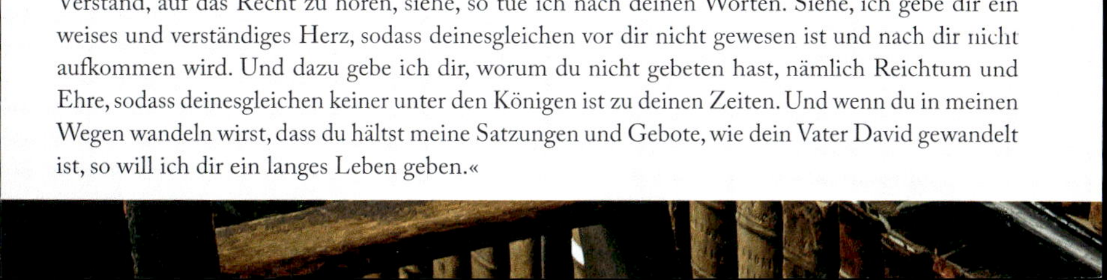

# 40 Das Mutterliebe-Vergleichsportal

*Und das soll »weise« sein?!*

Von einem »salomonischen Urteil« spricht der Volksmund, wenn ein vertrackter Konflikt raffiniert, aber friedlich gelöst wurde. »Weise« eben und so, dass alle ganz – oder halbwegs – zufrieden sein können. Weil gleich drei poetische Bücher der Bibel dem Salomo zugeschrieben wurden (Sprüche, Prediger und Hoheslied), hat er den Namenstitel »Salomo der Weise« bekommen. Besser als »August der Starke« oder »Iwan der Schreckliche«, nun gut, aber: Was bitte schön ist »weise« an dem Vorschlag, ein Baby zu zerhacken?

So was kommt vor, leider. Dass Neugeborene vertauscht werden. Seit 2008 bisher aber nur 13-mal, sagt die Deutsche Gesellschaft für Gynäkologie und Geburtshilfe. Dass Babys von ihren Müttern ermordet wurden, knapp 600-mal. Sagt die BKA-Statistik. Jetzt steht da eine Frau, die ihre Mitbewohnerin der fahrlässigen Tötung (im Schlaf erdrückt) bezichtigt, und die wehrt sich gegen die Anklage mit dem Vorwurf der Kindesentführung. Aussage gegen Aussage. Und die DNA-Probe ist noch nicht erfunden.

Salomos grausame Inszenierung pokert mit zwei Lebenserfahrungen, einer negativen und einer positiven: Die Neidische wird zufrieden sein, wenn die andere auch verliert, was sie verlor. Die Liebende wird nichts für sich, aber alles für das Kind wollen. Ihr Kind. Und woher weiß Salomo, dass es »ihrs« ist? Weil die »echte« Mutter keine Besitzansprüche stellt. Weil sie loslassen kann und abzugeben bereit ist.

Mutter- beziehungsweise Elternliebe ist eh der Härtetest der Liebe. Wir lieben unsere Kinder auf eine Art wie nichts und niemanden sonst auf der Welt, sollen aber ein Vierteljahrhundert lang daran arbeiten, dass sie uns immer weniger brauchen! Liebevolle Erziehung, das ist, wenn Eltern sich schrittweise verzichtbar machen und ihren Kindern das (Eigen-)Leben schenken. Weise, oder?

Einmal hielt der König Gericht ab. Da traten zwei Huren vor ihn. Die eine Frau fing an: »In der Nacht starb der Sohn dieser Frau, weil sie sich auf ihn gelegt hatte. Da stand sie mitten in der Nacht auf. Sie nahm mir meinen Sohn weg, während ich, deine Magd, noch schlief. Ihren toten Sohn aber legte sie mir in den Arm. Am Morgen stand ich auf, um meinen Sohn zu stillen, da war er tot! Als ich ihn mir bei Tagesanbruch genauer ansah, merkte ich: Das war gar nicht mein Sohn!« Daraufhin rief die andere Frau: »Nein! Mein Sohn lebt und dein Sohn ist tot!« Doch die erste Frau erwiderte: »Nein! Dein Sohn ist tot und mein Sohn lebt!« So stritten sie sich vor dem König.
Schließlich sprach der König: »Zerschneidet das lebende Kind in zwei Teile! Gebt die eine Hälfte der einen Frau und die andere Hälfte der anderen Frau!« Da gab die Mutter des lebenden Kindes nach. Denn sie liebte ihr Kind über alles: »Bitte, mein Herr! Gebt ihr das lebende Kind! Tötet es auf gar keinen Fall!« Die andere aber sagte: »Weder mir noch dir soll es gehören. Zerschneidet es!« Daraufhin entschied der König: »Gebt das lebende Kind der ersten Frau und tötet es ja nicht! Sie ist seine Mutter.«

# 41 Da kommt was zusammen

*Mitbringsel de luxe*

Der erste königliche Staatsgast in der jungen Nachkriegs-Bundesrepublik? Nein, nicht Queen Elizabeth II, sondern ein Monarch, der sich als 225. Nachfahre der biblischen Königin von Saba bezeichnete: Kaiser Haile Selassie von Äthiopien. Zu Gast in Bonn vom 8. bis zum 11. November 1954. Die Besuche ähneln sich: Kanzler Konrad Adenauer wollte der Welt zeigen, dass Ruinendeutschland wieder Glanz und Glamour für gekrönte Häupter bieten kann. Haile Selassie wollte gucken, wie Stahlwerke und Krankenhäuser funktionieren.

Salomo, der junge Provinzkönig, brauchte internationales Ansehen und Handelsbeziehungen bis an die Nilquellen. Die Saba-Queen brauchte politisches Know-how. Nur das Wohlstandsgefälle war andersherum: Die Äthiopierin beschenkt Salomo mit unfassbaren Schätzen. Die BRD beglückt Äthiopien großzügig mit Entwicklungshilfe.

Aber warum glauben rund 100 Millionen Äthiopier, sie stammten ab von …? Weil Salomo »ihr alles gab, was ihr gefiel und was sie erbat«. Vielleicht erbat sie sich ja einen kleinen Thronfolger? Und war unter anderem deshalb mit großer Bugwelle zu Salomo gerauscht? Jahrtausendelang wurde in Königspalästen auf diese Art Handels- und Expansionspolitik betrieben. Der römisch-jüdische Historiker Flavius Josephus meinte 94 nach Christus ja, sie habe Weihrauchkörner nach Israel gebracht, und mit »Saba« sei der Jemen gemeint. Ändert aber nichts an der Kernaussage: Erst kommt das Gottesgeschenk »Weisheit«, dann das Menschengeschenk »Reichtum«. Geist und Geld, eins nach dem andern.

Als Jesus sich über den Unglauben mancher Leute ärgert, sagt er, diese »Königin des Südens« werde im Jenseits als Zeugin gegen Dummheit und Dumpfheit auftreten (Matthäus 12,42). Weil sie fragen, hören, staunen und vertrauen konnte.

Und als die Königin von Saba die Kunde von Salomo vernahm, kam sie, um Salomo mit Rätselfragen zu prüfen. Und sie kam nach Jerusalem mit sehr großem Gefolge, mit Kamelen, die Spezerei trugen und viel Gold und Edelsteine. Und als sie zum König Salomo kam, redete sie mit ihm alles, was sie sich vorgenommen hatte. Und Salomo gab ihr Antwort auf alles, und es war dem König nichts verborgen, was er ihr nicht hätte sagen können. Und die Königin von Saba sprach: »Gelobt sei der Herr, dein Gott, der an dir Wohlgefallen hat, sodass er dich auf den Thron Israels gesetzt hat!« Und sie gab dem König hundertzwanzig Zentner Gold und sehr viel Spezerei und Edelsteine. Und der König Salomo gab der Königin von Saba alles, was ihr gefiel und was sie erbat, außer dem, was er ihr von sich aus gab. Und sie wandte sich und zog in ihr Land mit ihrem Gefolge.

# 42 Wenn den Guten Böses geschieht

*Das größte Warum von allen*

Das Buch Hiob: ein erschütterndes Stück Weltliteratur, das so skandalös anfängt, wie es endet. Der umgangssprachlich »liebe Gott« ist so lieb nun auch wieder nicht; er wird als Spielernatur geschildert: Als Satan drauf wettet, dass der wohlhabende fromme Hiob Gott verfluchen wird, falls er Besitz, Kinder und Gesundheit verliert, geht Gott drauf ein! Hiob verarmt, seine Kinder sterben, er wird todkrank.

Die Frage, warum junge Mütter im Slum bettelarm an Krebs sterben müssen, während mafiöse Zuhälter auf Ibiza reich und gesund alt werden dürfen – das ist die Frage nach dem Charakter, der Allmacht und der Gerechtigkeit Gottes. Hiob, offenbar depressiv-autoaggressiv, antwortet lapidar: »Na ja, ich hab ja auch viel Glück und alles Gute genossen, ohne zu fragen ›Warum passiert das gerade mir?‹.« Klingt weise, ist auch lebenserfahren, beantwortet aber die Frage nicht.

Hiobs Freunde spekulieren in rund 30 Kapiteln, Hiob müsse doch irgendwas Sündiges getan haben. Wer rechtschaffen lebe, bleibe gesund und glücklich. So ein »Wohlstandsevangelium« flöten die TV-Prediger und -Predigerinnen auf den Privatsendern noch heute. Hiob insistiert aber, unschuldig zu sein. »Er hat viele andere getröstet, warum nicht sich selbst?«, fragen die Freunde. Weil sich kein Chirurg selbst operieren kann. Hiobs Problem ist nicht der Kampf zwischen Gut und Böse, sondern zwischen Gut und Rätsel: seine Rechtschaffenheit gegen Gottes (Un-)Erklärlichkeit.

Der österreichische Schriftsteller Joseph Roth (1894–1939) hat in seinem epochalen Roman »Hiob« ein friedensstiftendes Wunder ans Ende gesetzt. Der britische Autor C. S. Lewis sagte beim Tod seiner Frau: »Mir graut nicht vor der Schlussfolgerung ›Also gibt es keinen Gott‹. Sondern vor dem Gedanken ›So ist er also?‹.«

Der Herr fragte den Satan: »Hast du meinen Knecht Hiob beobachtet? Er ist fromm und führt ein vorbildliches Leben. Er begegnet Gott mit Ehrfurcht und hält sich von allem Bösen fern. Noch immer hält er sich frei von Schuld.« Doch der Satan antwortete dem Herrn: »Haut für Haut! Ein Mensch gibt alles her, wenn er nur die eigene Haut retten kann. Aber strecke doch einmal die Hand aus, greife seinen Körper und seine Gesundheit an! Dann wird er dir ins Gesicht fluchen!« Da sagte der Herr zum Satan: »Gut! Ich gebe ihn in deine Gewalt. Doch sein Leben musst du ihm lassen!« Danach verließ der Satan den Herrn und sorgte dafür, dass Hiob krank wurde: Geschwüre brachen aus und bedeckten ihn von Kopf bis Fuß. Da nahm er eine Tonscherbe, um sich zu kratzen. Er saß auf dem Boden mitten im Dreck. Seine Frau sagte zu ihm: »Willst du dich noch immer frei von Schuld halten? Verfluche endlich Gott, sodass du stirbst!« Da antwortete er ihr: »Dummes Gerede! Wenn wir das Gute von Gott bekommen, sollten wir da nicht auch das Böse annehmen?« Bei allem ließ Hiob sich nichts zuschulden kommen. Kein böses Wort kam ihm über die Lippen.

# 43 Hiobs Botschaft

*Wer zieht hier wen zur Rechenschaft?*

»Woran liegt die Schuld? Ist etwa / Unser Herr nicht ganz allmächtig? / Oder treibt er selbst den Unfug? / Ach, das wäre niederträchtig. / Also fragen wir beständig, / Bis man uns mit einer Handvoll / Erde endlich stopft die Mäuler – / Aber ist das eine Antwort?«, fragte Heinrich Heine 1853.

Denn: Gott hat in drei triumphal pathetischen Reden die Größe, Schönheit und kluge Raffinesse der Natur gepriesen. Hat gedröhnt, es sei ein anmaßender Witz, ihn, den Schöpfer des Universums, zur Rechenschaft zu ziehen (Hiob/Ijob 38–41 sind eine Art »Terra X«-Tierfilm in Dolby-3-D auf Großleinwand mit Musik von Wagner). Aber ist »Halt's Maul, Naseweis!« eine Antwort? Recht hat, wer die Macht hat?

Hiob verspricht, fortan demütig zu schweigen. Seine neunmalklugen Freunde (»Elend ist Strafe für Sünde.«) kriegen eins auf den Hut, und im Nebensatz dieses Tadels dann der Hammer: »Ihr habt nichts Wahres über mich gesagt, so wie es *mein Knecht Hiob* getan hat.« Wie bitte? Gott gibt Hiob recht, und das gleich zwei Mal? Hiob bittet für seine Freunde, und Gott erfüllt seine Wünsche? Großfamilie und Freunde kehren zurück, sein Besitz verdoppelt sich gegenüber früher, man feiert ein glamouröses Happy End?!

Was aussieht wie das rosamundepilchernde Kitsch-Finale einer dramatischen Familiensaga, enthält eine ketzerische Frage: Satan hat seine Wette verloren, wonach Hiob im Katastrophenfall Gott verfluchen würde. Hiob hat mit Pauken und Trompeten gewonnen. Und Gott? Der »gibt Hiob recht« und leistet überschwänglich Wiedergutmachung. Hat er also nach Maßstäben der Ausgangswette (Hiob/Ijob 1–2) auch verloren? Oder nur bestätigt, dass bedingungsloses Vertrauen keine fromme Resignation sein muss, sondern weise sein kann? Dass die uralte Menschheitsfrage »Warum gibt es Leid?« in die Frage »Wozu gibt es Glauben?« verwandelt werden muss?

Und der Herr antwortete Hiob und sprach: »Wer da meint, alles besser zu wissen, sollte der mit dem Allmächtigen rechten? Wer Gott zurechtweist, der antworte!«
Und Hiob antwortete dem Herrn und sprach: »Ich erkenne, dass du alles vermagst, und nichts, das du dir vorgenommen, ist dir zu schwer. ›Wer ist der, der den Ratschluss verhüllt mit Worten ohne Verstand?‹ Darum hab ich ohne Einsicht geredet, was mir zu hoch ist und ich nicht verstehe.«
Nachdem der Herr so mit Hiob geredet hatte, wandte er sich an Elifas aus Teman und sagte: »Ich bin zornig auf dich und deine beiden Freunde. Denn ihr habt nichts Wahres über mich gesagt, so wie es mein Knecht Hiob getan hat.«
Der Herr wendete Hiobs Schicksal zum Guten, als er für seine Freunde Fürbitte einlegte. Und der Herr gab ihm doppelt so viel wie Hiob früher besessen hatte. Alle kamen zu ihm nach Hause und aßen mit ihm: seine Brüder und Schwestern und die, die ihn früher gekannt hatten. Sie zeigten ihm ihr Mitgefühl und trösteten ihn. Denn er hatte sehr unter dem Unglück gelitten, das der Herr über ihn gebracht hatte. Jeder gab ihm ein Geldstück und einen goldenen Ring.

# 44 Wo bitte geht's zum Glück?

*Auftakt für ein poetisches Liederbuch*

»Wie wunderbar!« Als Glücksschrei müsste man das erste Wort im Vorwort des Liederbuches der Juden und Christen übersetzen. »Aschrej« auf Hebräisch. »Glückwunsch!« Luther hat den Ruf auf das etwas altväterliche »Wohl dem …« runtertemperiert. Dabei enthalten die folgenden 150 sogenannten »Psalmen« alles, was an prallgreller Gefühlsdramatik denkbar, sag- und singbar ist: lodernde Liebe, heulendes Elend, jubelndes Glück, röchelnde Todessehnsucht, brennender Rachedurst, himmlische Stille. Die Psalmen zu lesen – am besten alle – lohnt sich. Gott wird angehimmelt und angeschrien, ihm wird viel ans Herz gelegt und an den Kopf geworfen, und seit mindestens 2.500 Jahren finden sich Lesende, Singende, Betende darin wieder! Weil die Psalmen nicht etwa erst geschrieben und dann gelesen, sondern erst erlebt und erlitten und dann klangvoll »verdichtet« wurden.

»Gut, wenn du nicht mit den Wölfen heulst und am Stammtisch den lauten Klugscheißer gibst, sondern Lust hast«. Lust? Worauf? »Auf die Weisheit und Anweisungen Gottes. Lern sie auswendig. Große Klaviervirtuosen üben ja auch jeden Tag.« Lohnt sich das denn?

»Ja. Stabile Verwurzelung deiner Persönlichkeit, genug Energiezufuhr für Geist und Seele, langfristig auch gute Früchte. In der Ehe, im Job. Geglückte Erziehung nannte man früher ›wohlgeraten‹, weißt du noch?«

Na schön. Und wenn nicht? »Wie Sägespäne im Sturm dagegen sind Leute, die Gott losgeworden sind und ihren Halt nur in sich selbst suchen. Wenn ein ganzes Lebenswerk bilanziert wird, besteht ihres nicht«. Verstehe. »Nicht nachhaltig« heißt das auf »heutedeutsch«. »Gott anerkennt den Weg und Werdegang der Aufrichtigen. Die Spur der Orientierungslosen verläuft sich im Nirgendwo.« Es gäbe genug moderne Biografien und Familienromane, die das bebildern.

Wohl dem, der nicht wandelt im Rat der Gottlosen noch tritt auf den Weg der Sünder noch sitzt, wo die Spötter sitzen, sondern hat Lust am Gesetz des Herrn und sinnt über seinem Gesetz Tag und Nacht! Der ist wie ein Baum, gepflanzt an den Wasserbächen, der seine Frucht bringt zu seiner Zeit, und seine Blätter verwelken nicht. Und was er macht, das gerät wohl. Aber so sind die Gottlosen nicht, sondern wie Spreu, die der Wind verstreut. Darum bestehen die Gottlosen nicht im Gericht noch die Sünder in der Gemeinde der Gerechten. Denn der Herr kennt den Weg der Gerechten, aber der Gottlosen Weg vergeht.

# 45 Hymne an …

*… die Natur? Den Menschen? An Gott?*

Oscar für Filme, Grammy für Musik, Emmy für Musicals, Booker Prize für Schriftsteller, Pulitzer-Preis für Journalisten. Aber – würde Gott den Friedensnobelpreis kriegen? Als »Held der Humanität«? Das wären dann noch mehr Hs als im ersten Vers: »Herr, Herrscher, herrlich, Hoheit, Himmel«. Hat er elegant übersetzt, der Martin Luther, oder?

Dass man angesichts des Sternenhimmels darüber staunt, warum sich Gott jeder einzelnen menschlichen Ameise annimmt, die auf diesem Staubkörnchen im Universum herumkrabbelt, ist verständlich. Zehn Milliarden sind's demnächst. Aber tut der Schöpfer das denn? Ich als Person bin der atemberaubend schönen Natur doch völlig egal. Ob ich verdurste oder ertrinke, ob mein Haus von einer Schneelawine zerquetscht oder von einem Orkan davongepustet wird, ist ihr wurscht. Wenn ich Krebs habe, wuchert der »ganz natürlich« tödlich weiter. Die Natur ist gnadenlos. Diese Bedeutungslosigkeit des Individuums, zack, springt um in die »Ehre und Herrlichkeit« eines mit schöpferischer Genialität »gekrönten« Menschen?!

Woher hat er die? Vom Schöpfer. Der ist kein gnadenlos zuschlagendes Naturgesetz, sondern lässt mit sich reden, ist ansprechbares Gegenüber und hat die »gottähnliche« Menschenwürde unter anderem dadurch geadelt, dass er uns Verantwortung für die Mitgeschöpfe übertrug.

Am direktesten spüren wir diese Fürsorgepflicht, wenn ein Säugling schreit. Keinen, der ein Herz im Leibe hat, lässt das kalt. Worin besteht die »Macht«, die ein Kleinkind besitzt (Eltern wissen, wovon ich rede)? Darin, dass es an unsere Liebe appelliert! Genau das ist der Knaller dieses Psalms: Der herrliche Herr aller Sterne übt seine Macht über den (Um-)Weg der menschlichen Liebe aus. Aus Kindermund sozusagen. Vom strahlenden Schweigen der Galaxien bis zum Quäken eines Säuglings.

Herr, unser Herrscher, wie herrlich ist dein Name in allen Landen, der du zeigst deine Hoheit am Himmel! Aus dem Munde der jungen Kinder und Säuglinge hast du eine Macht zugerichtet um deiner Feinde willen, dass du vertilgest den Feind und den Rachgierigen. Wenn ich sehe die Himmel, deiner Finger Werk, den Mond und die Sterne, die du bereitet hast: was ist der Mensch, dass du seiner gedenkst, und des Menschen Kind, dass du dich seiner annimmst? Du hast ihn wenig niedriger gemacht als Gott, mit Ehre und Herrlichkeit hast du ihn gekrönt. Du hast ihn zum Herrn gemacht über deiner Hände Werk, alles hast du unter seine Füße getan: Schafe und Rinder allzumal, dazu auch die wilden Tiere, die Vögel unter dem Himmel und die Fische im Meer und alles, was die Meere durchzieht. Herr, unser Herrscher, wie herrlich ist dein Name in allen Landen!

# 46 Der berühmteste von allen

*Muss man erlebt haben*

Diesem Psalm, dem berühmtesten von allen, habe ich nichts hinzuzufügen. Den jährlich umfangreicher werdenden Bibliotheken voller Interpretationen und Nachdichtungen, den Musikarchiven voller Vertonungen, den Museen und Galerien, Kirchen und Kapellen voller Gemälde und Hirtenskulpturen erst recht nicht.

Wenn irgendeinem irgendwas jemals aus der Bibel bekannt vorkommt, dann Psalm 23. Gefolgt vom Vaterunser und ein paar der Zehn Gebote, nun ja, aber todsicher Psalm 23. Allein schon wegen der täglich zigtausend Beerdigungen, auf denen er die Hinterbleibenden tröstet.

Nur so viel: dass »Stecken und Stab« sowohl Halt geben als auch »trösten«, liegt daran, dass es ein Kreuzstab ist. Am Kreuz starb ein Nachfahre des Psalm-23-Verfassers und schrie den ersten Vers vom Psalm vorher, Psalm 22: »Mein Gott, mein Gott, warum hast du mich verlassen?!« Ohne den wäre der berühmteste aller Psalmen religiöser Kitsch mit Hirtenschalmei. Ist er aber nicht. Ganz und gar nicht, wenn Sie's mal erlebt haben.

Psalm 23,1–6 (Luther)
Der Herr ist mein Hirte, mir wird nichts mangeln. Er weidet mich auf einer grünen Aue und führet mich zum frischen Wasser. Er erquicket meine Seele. Er führet mich auf rechter Straße um seines Namens willen. Und ob ich schon wanderte im finstern Tal, fürchte ich kein Unglück; denn du bist bei mir, dein Stecken und Stab trösten mich. Du bereitest vor mir einen Tisch im Angesicht meiner Feinde. Du salbest mein Haupt mit Öl und schenkest mir voll ein. Gutes und Barmherzigkeit werden mir folgen mein Leben lang, und ich werde bleiben im Hause des Herrn immerdar.

# 47 Ist Gott ein Seelen-MRT?

*Mehr als Ultraschall und Röntgen*

50 Jahre »Tatort« feierte die ARD 2020. In fast allen der rund 1.200 Folgen geht es um die Frage »Wer ist es und wie ist der so?«. Abgesehen vom Lokalkolorit, den tausenderlei Todesarten der Mordopfer und allem Liebeskummer der Ermittlerpaare sind Krimis meist dadurch spannend, dass jemand »erkannt« wird, den man zu kennen glaubte.

Ein Täter, den man »so nicht kannte« oder »von dem man es nie im Leben gedacht hätte«. Identifiziert werden im Sinne von durchleuchtet, entlarvt und ertappt sein. Unangenehm, lästig, beängstigend. Wie die Gesichtserkennungs-Algorithmen, mit denen China seine Bürger zur Linientreue erpresst.

Psalm 139 setzt voraus, bei Gott teilnahmsvoll, beschützend erkannt zu sein. Dass ihm unsere Bewegungen, Gedanken und Worte bekannt sind, übersteigt menschliches Vorstellungsvermögen, erübrigt äußere Ausbrüche und innere Emigration und klingt für den Beter des Psalms nicht nach Gefängnis, sondern nach Geborgenheit. Warum?

Weil er Gottes Wunschkind war, weil er weiß, bedingungslos gewollt zu sein. Es gibt Millionen Menschen, denen diese radikale Bejahung ihres So-Seins guttun würde, oder? Angesehen, erkannt, gewollt, bejaht, gehalten. Von der Zeugung bis – der Psalm wagt es zu sagen – in und hinter den Tod. Ohne Spekulationen über eine himmlische Wolke sieben, ein Elysium der Seligen, heißt es knapp und schlicht: Licht! Kein leeres dunkles Nichts, sondern Leuchten in der Todesnacht. Steile Behauptung, ja, aber auch unfassbar tröstliche Vorstellung.

Wie gut kennen sich Paare wirklich? Ein beliebtes Quizspiel bei Hochzeiten.

»Erkenne dich selbst!« – eine Lebensaufgabe. Und ein sicheres Einkommen für Psychotherapeuten. »Du kennst mich« – ein Psalm, der dankbares Selbstbewusstsein produzieren kann.

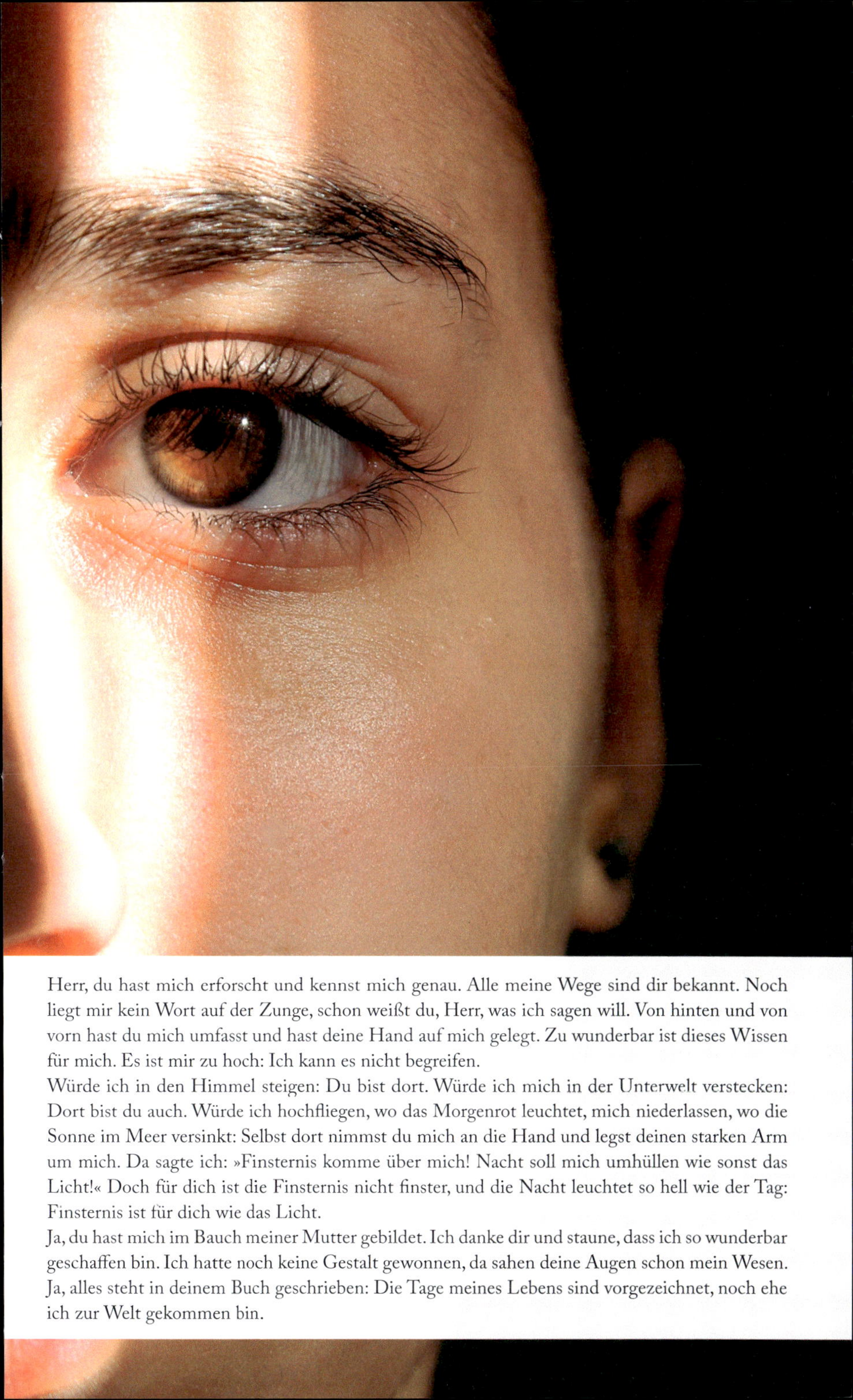

Herr, du hast mich erforscht und kennst mich genau. Alle meine Wege sind dir bekannt. Noch liegt mir kein Wort auf der Zunge, schon weißt du, Herr, was ich sagen will. Von hinten und von vorn hast du mich umfasst und hast deine Hand auf mich gelegt. Zu wunderbar ist dieses Wissen für mich. Es ist mir zu hoch: Ich kann es nicht begreifen.
Würde ich in den Himmel steigen: Du bist dort. Würde ich mich in der Unterwelt verstecken: Dort bist du auch. Würde ich hochfliegen, wo das Morgenrot leuchtet, mich niederlassen, wo die Sonne im Meer versinkt: Selbst dort nimmst du mich an die Hand und legst deinen starken Arm um mich. Da sagte ich: »Finsternis komme über mich! Nacht soll mich umhüllen wie sonst das Licht!« Doch für dich ist die Finsternis nicht finster, und die Nacht leuchtet so hell wie der Tag: Finsternis ist für dich wie das Licht.
Ja, du hast mich im Bauch meiner Mutter gebildet. Ich danke dir und staune, dass ich so wunderbar geschaffen bin. Ich hatte noch keine Gestalt gewonnen, da sahen deine Augen schon mein Wesen. Ja, alles steht in deinem Buch geschrieben: Die Tage meines Lebens sind vorgezeichnet, noch ehe ich zur Welt gekommen bin.

# 48 Größtmögliche Grandezza

*Erschaudernd erschrocken*

Was war das Großartigste, das Sie je gesehen haben? Polarlicht in Lappland? Die Wasserfälle von Iguazú? Den Mount Everest im Morgenlicht? Oder eine überwältigende Bühneninszenierung mit tobenden Symphonikern und Melodien zum Niederknien? Wir sagen »atemberaubend« und »unbeschreiblich«, obwohl man das Erlebnis kaum erzählen kann. Eben weil es das war: umwerfend, unsagbar, überwältigend.

Der eigentlich stocknüchterne Intellektuelle Jesaja steht 745 vor Christus im Jerusalemer Tempel und hat eine »Schau«, eine Vision, er ist »außer sich« im Wortsinn. Er ist für einen Moment »wahnsichtig« geworden. Gleißend blendendes Licht verhüllt eine Majestät, dem geflügelte Engel-Tier-Mischwesen dienen und die fortissimo einen chorischen Wechselgesang schmettern, dass die Wände wackeln. (Weih-)Rauch erfüllt den Raum, und mit glühenden Kohlen an den Lippen – Jesaja wird sich als Politikberater von vier Königen noch oft den Mund verbrennen – soll er die Verödung, Verblödung und Vernichtung der Gesellschaft voraussagen. Und: Er soll doch Hoffnung machen, dass im Stumpf des gefällten Baumes ein lebendiger Same steckt.

Archäologen und Historiker belegen: In den 160 Jahren danach ist das alles eingetreten. Im Jahr 586 vor Christus zerstören die Assyrer Jerusalem und schleppen die Juden nach Babylon. Jesaja hatte lebenslang vor zweifelhaften Bündnissen mit den Großmächten der Zeit gewarnt, hatte zu Respekt vor der Heiligkeit Gottes und zur Treue gegenüber seinen Geboten aufgerufen. Die geballte Grandezza seiner Berufung hatte ihn zu einem pessimistischen Patrioten gemacht.

Die ersten Christen 700 Jahre später meinten, Jesaja hätte den himmlischen Christus gesehen. Auch mittelalterliche Mönche bezogen sein Bild von den »Trieben, die aus dem Baumstumpf wachsen«, auf Jesus und dichteten: »Es ist ein Ros' entsprungen, von Jesse kam die Art.« Von Jesaja, eben.

Ich sah den Herrn auf einem hohen Thron sitzen. Die Schleppen seines Gewandes füllten die ganze Tempelhalle. Serafim standen dienend vor ihm. Jeder von ihnen hatte sechs Flügel. Einer rief dem anderen zu: »Heilig, heilig, heilig ist der Herr Zebaot! Sein herrlicher Glanz erfüllt die ganze Erde.« Sie riefen so laut, dass die Türschwellen bebten. Das Gebäude füllte sich mit Rauch. Da sprach ich: »Wehe mir, ich bin verloren! Denn ich bin ein Mensch mit unreinen Lippen.« Da kam einer der Serafim zu mir geflogen. In seiner Hand hielt er eine glühende Kohle. Die hatte er vom Altar genommen. Er sagte: »Wenn ich jetzt deine Lippen berühre, ist deine Sünde verschwunden und deine Schuld vergeben.«
Dann hörte ich den Herrn: »Wen soll ich senden?« Ich antwortete: »Hier bin ich, sende mich!« Er sagte: »Geh und sprich zum Volk: ›Hört nur zu – doch kommt nicht zur Einsicht! Seht nur hin – doch erkennt nichts!‹« Der Herr wird die Menschen weit wegführen. Dann wird das Land einsam daliegen. Es geht ihm wie einer gefällten Eiche: Sogar die Triebe, die aus dem Stumpf wachsen, werden abgefressen. Doch der Stumpf bleibt. Er ist wie ein heiliger Same, aus dem Neues wächst.

# 49 Früher war alles besser? Nee.

*Zukunftshoffnung statt Nostalgie*

Vier Millionen Platten verkauft, 17 Wochen auf Platz eins der deutschen Charts: Die Gruppe Boney M. und ihr Disco-Hit »Rivers of Babylon« 1978. Kennen Sie's noch? Der Text war aus Psalm 137. Ein Heimwehlied der Juden, die 586 vor Christus an die Ufer des Euphrat verschleppt worden waren. Ihr Staat erobert, ihr Tempel zerstört, ihre Familien entwurzelt – an diese Exilgemeinde wendet sich ein ungenannter Autor, dessen Schriften man unter »Jesaja« abheftete, obwohl er 150 Jahre später lebte, in völlig anderem Stil schreibt und auf das Unheil zurückblickt, das der erste Jesaja (Jesaja 1–39) vorausgesagt hatte. »Jesaja 2.0« tröstet die Parallelgesellschaft in Babylon.

Heutzutage wissen die Nachfahren der Vertriebenen aus den deutschen Ostgebieten, die Trachtengruppen und Landsmannschaften, die Migrantenkinder und -enkel der »Gastarbeiter«, wovon er redet: Du bist kein Nobody, sondern ein »namhafter« Mensch. Hab keine Angst vor Identitätsverlust: Gott ist auch ohne Tempel und religiöse Rituale bei dir. Soziale Isolation kann aufgebrochen werden wie ein Türschloss, und der Torjubel gegnerischer Sieger kippt ganz schnell um in Gejammer. Erinnert euch an das Wunder der Meeresteilung bei Mose, aber vergoldet nicht nostalgisch eure Vergangenheit. Schaut, hofft und vertraut auf das, was in der Zukunft möglich ist: Wasser in der Wüste, Gärten in der Steppe, ein quicklebendiges Auskommen von Mensch und Tier.

Früher war alles besser? Nee. Der Jesaja 2.0 protestiert gegen rückwärtsgewandte Ewiggestrige und ihren Traditionsfetischismus. Er dreht die tränenumflorten Heimwehgesänge »by the rivers of Babylon« in eine zuversichtliche Perspektive. Kein billiges »Kopf hoch, wird schon wieder«, sondern eine ernst gemeinte Begründung: weil Gott uns Zukunft zusagt.

Jetzt aber spricht der Herr, der Jakob geschaffen und sein Volk Israel gebildet hat: Fürchte dich nicht, denn ich habe dich befreit. Ich habe dich bei deinem Namen gerufen, du gehörst zu mir. Ich habe Boten nach Babylon geschickt, um euch zu helfen. Ich reiße die Riegel von den Stadttoren ab. Dieser Herr sagt euch jetzt: Denkt nicht mehr an das, was früher geschah. Beschäftigt euch nicht mit der Vergangenheit. Schaut her, ich schaffe etwas Neues! Es beginnt schon zu sprießen – merkt ihr es denn nicht? Ich lege einen Weg durch die Wüste an, im trockenen Land lasse ich Ströme fließen. So sorge ich dafür, dass mein Volk genug zu trinken hat. Es ist ja das Volk, das ich mir erwählt habe, ich habe es für mich erschaffen, damit es mich lobt und von meinen Taten erzählt.

# 50_Das Menschheitsunfall-Opfer

*Ein schwer verletzter Unbekannter?*

Wer vom Fahrrad fiel und heftig schmerzende Schürf- und Platzwunden davontrug, sich beim Sturz im Treppenhaus Knochenbrüche und Kopfverletzungen geholt hat oder gar blutüberströmt aus einem Unfallauto gezerrt wurde, der weiß, was »entstellt und zerschlagen« bedeutet.

Noch grässlicher: Wenn Folterer einem Menschen solche und schlimmere Qualen absichtsvoll zufügen. In allen Diktaturen aller Jahrhunderte üblich, bis ins »moderne« China heute.

Tragisch, aber atemberaubend bewundernswert ist es, wenn ein Unschuldiger freiwillig und stellvertretend für jemand anderen Folterhorror und Tod auf sich nimmt: 29. Juli 1941, KZ Auschwitz. Die SS-Leute wollen Franciszek Gajowniczek ermorden, der schreit um Gnade, er habe Frau und Kinder – da ruft ein polnischer Priester: »Nehmt mich stattdessen!« Maximilian Kolbe, 47, Franziskanermönch, wird in den Hungerbunker gesperrt und am 14. August mit Phenol zu Tode gespritzt. Franciszek Gajowniczek überlebt und stirbt 1995 im gesegneten Alter von 94 Jahren.

Von welchem Stellvertreter redet Jesaja da in der Vergangenheitsform!? Jüdische Gelehrte sagten: Von uns! Vom geschundenen Volk Israel, dessen Gottverbundenheit die Gottvergessenheit anderer Völker aufwiegt. Jesus sagte: Von mir (Matthäus 20,28)! Ich gebe mein Leben für die »Schafe« wie ein Hirte, der sich aufopfert (Johannes 10,11). Die frühen Christen, quer durch alle Schriften des Neuen Testaments, und die Weltchristenheit seit 2.000 Jahren, quer durch alle Konfessionen, sagen: Klar, von Jesus! Er ist exakt dieser Gottesknecht, den der Jesaja als Stellvertreter für alle Schuld aller Menschen voraussah.

Die Deutung und Sinngebung des Todes von Jesus gab's schon 500 Jahre vorher?!

Siehe, meinem Knecht wird's gelingen, er wird erhöht und sehr hoch erhaben sein. Wie sich viele über ihn entsetzten – so entstellt sah er aus, nicht mehr wie ein Mensch und seine Gestalt nicht wie die der Menschenkinder –, so wird er viele Völker in Staunen versetzen. Er schoss auf vor ihm wie ein Reis und wie eine Wurzel aus dürrem Erdreich. Wir sahen ihn, aber da war keine Gestalt, die uns gefallen hätte. Er war der Allerverachtetste und Unwerteste, voller Schmerzen und Krankheit. Er war so verachtet, dass man das Angesicht vor ihm verbarg.
Fürwahr, er trug unsre Krankheit und lud auf sich unsre Schmerzen. Wir aber hielten ihn für den, der geplagt und von Gott geschlagen und gemartert wäre. Aber er ist um unsrer Missetat willen verwundet und um unsrer Sünde willen zerschlagen. Die Strafe liegt auf ihm, auf dass wir Frieden hätten, und durch seine Wunden sind wir geheilt. Als er gemartert ward, litt er doch willig und tat seinen Mund nicht auf wie ein Lamm, das zur Schlachtbank geführt wird. Durch seine Erkenntnis wird er, mein Knecht, der Gerechte, den vielen Gerechtigkeit schaffen; denn er trägt ihre Sünden.

# 51 Kresse gesät, Weizen geerntet

*Besser als gedacht*

»Erstens kommt es anders, zweitens als man denkt«, sagen wir, wenn Unerwartetes passiert. Mit bedauerndem Gesicht, achselzuckend. Hatten sich Vorhaben und Umstände, Schicksale und Lebensläufe anders entwickelt als gedacht, sagte man früher: »Der Mensch denkt, doch Gott lenkt.« Stimmt, sagt der Jesaja seinen arg selbstmitleidigen Exiljuden in Babylon, aber in euerm Fall grandios positiv! Eure (trüben) Gedanken sind nicht Gottes Gedanken. Während ihr im unwegsamen Unterholz der sozialen, politischen und wirtschaftlichen Unmöglichkeiten feststeckt, weiß Gott Aus-Wege! Was ab 538 vor Christus prompt eintrat: Die Verbannten durften zurück, bauten ihre Heimat wieder auf, weihten 515 vor Christus ihren neuen Tempel ein. Erst im Rückblick also kann man beurteilen, ob motivierende Worte »leere Worte« sind oder Sätze wie Samen und Gedanken wie Wasser: fruchtbringend, nahrhaft, lebensnotwendig.

Eltern und Erziehende wissen, wovon Jesaja hier redet. Irgendein »Grund-Satz«, ein üblicher Spruch von Mama oder Papa, eine pädagogische Beauftragung, werden Programm, werden schicksalhaft im Leben des Kindes. Viele Künstler und Stars ihrer Branche können von dem einen entscheidenden Lehrer, von der Oma, vom Schulfreund, von dem Schlüssel-Satz oder -erlebnis berichten, die ihrer Karriere Schwung gaben. Leute hatten mit geringen Erwartungen Kresse gesät (»eure Gedanken«) und riesige Weizenfelder geerntet (»meine Gedanken«), weil Worte eben nie leer zurückkommen, wenn es »Gottesworte« sind. Exponentiell wachsend.

Kein Eichelhäher, der jemals die sprießende Nussfrucht des *Quercus fagaceae* vergrub, ahnte, dass er gerade eine 1.000-jährige Eiche pflanzte. 28 davon gibt's in Deutschland. Die dickste, zehn Meter Durchmesser am Stamm, steht im Dorf Ivenack/Mecklenburg-Vorpommern. Ach du dicke Eiche!

Suchet den Herrn, solange er zu finden ist; ruft ihn an, solange er nahe ist. Der Gottlose lasse von seinem Wege und der Übeltäter von seinen Gedanken und bekehre sich zum Herrn, so wird er sich seiner erbarmen, und zu unserm Gott, denn bei ihm ist viel Vergebung. Denn meine Gedanken sind nicht eure Gedanken, und eure Wege sind nicht meine Wege, spricht der Herr, sondern so viel der Himmel höher ist als die Erde, so sind auch meine Wege höher als eure Wege und meine Gedanken als eure Gedanken. Denn gleichwie der Regen und Schnee vom Himmel fällt und nicht wieder dahin zurückkehrt, sondern feuchtet die Erde und macht sie fruchtbar und lässt wachsen, dass sie gibt Samen zu säen und Brot zu essen, so soll das Wort, das aus meinem Munde geht, auch sein: Es wird nicht wieder leer zu mir zurückkommen, sondern wird tun, was mir gefällt, und ihm wird gelingen, wozu ich es sende.

# 52 Fürsorglicher Todeswunsch

*Aber Wale fressen keine Menschen*

Wären Sie gern ein Whistleblower? Jemand, der Missstände aufdeckt, die aber dem politischen Feind, der wirtschaftlichen Konkurrenz nützen? Lieber nicht. Edward Snowden sitzt in Moskau fest, Julian Assange steckte sieben Jahre in der ecuadorianischen Botschaft in London.

Verständlich, dass Jona keine Lust hat, den Assyrern in Ninive Moralpredigten zu halten. Bleiben sie bockbeinig, bringen sie ihn um. Befolgen sie seinen Buß-Ruf, stärkt sie das. Die Feinde Israels! Also: Nichts wie weg. Nach »Tarschisch«, ans Ende der damals bekannten Welt. Blöd nur: Aus Psalm 139 hätte Jona wissen können, dass Gott auch »am äußersten Meer« da ist.

Bis zum Äußersten sturmtobt dieses Meer. Die multireligiöse Mannschaft betet in Panik »jeder zu seinem Gott«, da bietet sich Jona als der »Sündenbock« an, der schuld sei an dem Orkan, und bittet um sofortige Seebestattung! Ein fürsorglicher, aufopferungswilliger Todeswunsch. Den Seeleuten bricht das Herz, als sie Jona über Bord werfen, aber – zwei Verse machen diesen Text berühmt und berüchtigt – ein »großer Fisch« verschlingt Jona und spuckt ihn nach drei Tagen gesund und munter wieder aus.

Wale fressen keine Menschen. Nicht mal Orcas tun das. Haie tun es, aber wer überlebt's? Wie »wahr« ist dann das Buch Jona? Auf tieferer Ebene sehr wahr: 1. Wem Gott (oder das Gewissen oder die ethische Überzeugung) gesagt hat, er müsse warnend ein offenes Wort wagen, und dann feige kneift – kann der sich noch in die Augen schauen? 2. Abbrüche und Fluchten bringen nichts, solange man sich selbst überallhin mitnimmt. Sogar in die »todsichersten« Verstecke. Wie Walmägen, herrje. 3. Gott will keine Menschenopfer und selbst ernannten Sündenböcke. Wer auf der Flucht vor sich selbst an Suizid denkt, sollte mit Rettung rechnen.

Das Wort des Herrn kam zu Jona: »Auf! Geh nach Ninive, in die große Stadt, und rede ihr ins Gewissen! Ihr böses Tun ist mir zu Ohren gekommen.« Da machte sich Jona auf den Weg, aber genau in die andere Richtung. Als er in die Hafenstadt Jafo kam, lag dort ein Schiff, das nach Tarschisch fuhr. Er zahlte den Fahrpreis und stieg ein. So glaubte er, dem Herrn aus den Augen zu kommen. Doch der Herr ließ einen starken Wind losbrechen. Der Sturm wurde immer stärker, und das Schiff drohte auseinanderzubrechen. Die Matrosen fürchteten sich, jeder betete zu seinem Gott. Dann begannen sie, die Ladung über Bord zu werfen. Und die Matrosen sagten: »Auf! Lasst uns Lose werfen! Sie werden uns sagen, wer schuld ist!« Das Los traf Jona. Da ergriff die Männer große Furcht. Sie fragten ihn: »Was sollen wir mit dir tun?« Da sagte er: »Werft mich ins Meer! Denn ich weiß, dass es allein meine Schuld ist.«

Da packten sie Jona und warfen ihn ins Meer. Sofort beruhigte sich die See. Der Herr aber schickte einen großen Fisch, der Jona verschlang. Und Jona war drei Tage und drei Nächte lang im Bauch des Fisches. Da befahl der Herr dem Fisch, Jona an Land zu bringen. Dort spuckte der Fisch ihn aus.

# 53_Jammern auf hohem Niveau …

*… ist unanständig*

Am 24. Juli 2014 zerstörten IS-Terroristen in Mossul/Irak (ehemals »Ninive«) die Yunus-Moschee, weil sie von Christen *und* Muslimen als Grab des Jona verehrt wird. Jona kommt nämlich auch im Koran vor. Er ist der einzige biblische Prophet, der seinen Erfolg – eine große Reformbewegung in Ninive – nicht bejubelt, sondern beklagt. Jona schmollt! Feuer und Schwefel wie über Sodom und Gomorra hätten ihn gefreut. Gottes Gnade und Vergebung ärgern ihn sehr. Er gönnt den Leuten von Ninive ihr Überleben in keinster Weise.

Das gibt's auch heute noch: Christen, die mit Gottes Geduld und Barmherzigkeit hadern, weil sie Strafe, Gericht und Höllenfeuer predigen und auf Bestätigung hoffen. Als sein schattenspendendes Rizinusbäumchen verdorrt, kippt Jonas Wut in Autoaggression: Er »möchte lieber tot sein als weiterleben«. Jetzt reicht's Gott aber. Das Buch Jona endet mit seiner Frage: »Du heulst um den Verlust einer Pflanze. Sollte mich nicht das Schicksal von 120.000 Leuten zu Tränen rühren?!«

Im Deutschen sprichwörtlich geworden ist, dass viele Menschen »nicht wissen, was rechts und links ist«, im Fall echter Reue aber »in Sack und Asche gehen«.

Jesus hielt die Jona-Erzählung offenbar auch für großartig symbolträchtige Literatur: Seinen Tod und seine Auferstehung vergleicht er mit Jonas drei Tagen »im Bauch des Fisches« (Matthäus 12,40).

Kann man die Magensäure eines Pottwals überstehen? Nein. Aber Gott kann Jesus auferwecken, lebensmüde Resignierte retten, über Bord gegangene Feiglinge in ihre Gaben und Aufgaben zurückholen, den Glauben, die Haltungen und den Lebensstil ganzer Gesellschaften ändern und sogar die beleidigten frommen Jonasse unserer Zeit von seiner Barmherzigkeit überzeugen.

Da machte sich Jona auf und ging nach Ninive. Jona wanderte einen Tag in die Stadt hinein und rief: »Noch 40 Tage, dann wird Ninive zerstört!« Da glaubten die Leute von Ninive an Gott. Sie riefen ein Fasten aus und zogen Trauerkleider an. Und Gott sah: Sie kehrten um von ihrem bösen Weg. Da tat es Gott leid, dass er sie vernichten wollte. Er beschloss, seine Drohung nicht wahr zu machen. Jona ärgerte sich sehr darüber. Er betete zum Herrn und sagte: »Ach Herr, genau das habe ich mir gedacht, als ich zu Hause war. Deshalb wollte ich nach Tarschisch fliehen. Ich wusste ja: Du bist unendlich geduldig und voller Güte.«

Und Jona verließ die Stadt. Er wollte sehen, was mit der Stadt geschehen würde. Da ließ Gott, der Herr, eine Rizinuspflanze wachsen. Jona freute sich sehr darüber, sie gab ihm Schatten. Am Morgen aber schickte Gott einen Wurm. Der biss die Wurzeln durch, sodass der Rizinus verdorrte. Die Sonne brannte Jona auf den Kopf, er verlor fast die Besinnung. Da wünschte er sich: »Ich will lieber tot sein als weiterleben.« Da sagte der Herr: »Die Pflanze tut dir leid. Jetzt frage ich dich: Sollte Ninive mir nicht leidtun – eine Stadt mit mehr als 120.000 Menschen? Sie alle wissen nicht, was links und was rechts ist.«

# 54 Ein Wort aus Fleisch und Blut

*Das erste Weihnachtslied*

Wie finden Sie den Mädchennamen »Sofia«? Heißt »die Weisheit« und meinte im antiken Judentum nicht Klugheit, Bildung oder vernünftiges Verhalten, sondern die Wesensart Gottes, seinen Geist. »Die« Weisheit, eine Frau (»Du bist meine Schwester«; Sprüche 7,4), die die Welt und den Menschen – Achtung – *miterschaffen* hat, weil sie schon vorher da war (»Der Herr hat mich schon gehabt, ehe er etwas erschuf«; Sprüche 8,22)!

Heutige Wissenschaftler schätzen das Alter der Erde auf 4,4 Milliarden und den Homo sapiens auf circa 260.000 Jahre. Sofia ist ziemlich alt, sieht aber noch super aus, oder? Die ersten Christen nannten sie auf Griechisch »Logos«, »das Wort«. Und sangen einen donnernd triumphalen Schöpfungs-Hymnus, der klingt wie 1. Mose/Genesis 1 – »Am Anfang schuf Gott ...« – und besingt, was Weihnachten gefeiert wird: Gott wird Mensch.

Logos? Wort? Na klar: Dass alles Geschaffene entsteht, wenn Geist zu Materie wird, wenn eine »Information« sich zur DNA materialisiert, wenn ein Gedanke erst Sprache und dann stoffliche Realität wird – das hatten schon Sokrates und Platon geahnt (»die Substanz von allem ist ihre Idee«), aber jetzt, circa 90 nach Christus, grätscht Autor Johannes zwischen die intellektuelle Sturmspitze und sagt: Dieser Gottesgeist, dieses Weisheitswort, dieser kreative »Logos« – ist Jesus von Nazareth!

»Das Wort ward Fleisch.« Das nimmt die Menschheit zwar nicht an und ihn nicht auf, aber der sichtlich »irdische« Jesus ist die bisher unsichtbare »himmlische« Herrlichkeit, in deren Licht wir die Wahrheit über uns und die Nachsicht mit uns sehen können. Im Text heißt es: Diejenigen, die sich darauf verlassen, werden autorisiert, sich als »Kinder Gottes« zu verstehen. Ein »himmlisch-herrlich« selbstverständliches Selbstverständnis.

Im Anfang war das Wort, und das Wort war bei Gott, und Gott war das Wort. Dasselbe war im Anfang bei Gott. Alle Dinge sind durch dasselbe gemacht, und ohne dasselbe ist nichts gemacht, was gemacht ist. In ihm war das Leben, und das Leben war das Licht der Menschen. Und das Licht scheint in der Finsternis, und die Finsternis hat's nicht ergriffen.
Das war das wahre Licht, das alle Menschen erleuchtet, die in diese Welt kommen. Es war in der Welt, und die Welt ist durch dasselbe gemacht; und die Welt erkannte es nicht. Er kam in sein Eigentum; und die Seinen nahmen ihn nicht auf. Wie viele ihn aber aufnahmen, denen gab er Macht, Gottes Kinder zu werden: denen, die an seinen Namen glauben, die nicht aus menschlichem Geblüt noch aus dem Willen des Fleisches noch aus dem Willen eines Mannes, sondern aus Gott geboren sind.
Und das Wort ward Fleisch und wohnte unter uns, und wir sahen seine Herrlichkeit, eine Herrlichkeit als des eingeborenen Sohnes vom Vater, voller Gnade und Wahrheit.

# 55 Einverstanden?

*Demütiges Ja und mutiges Nein*

Ein Gott wird kein Baby. Eine Jungfrau kriegt kein Kind. Die Bibel mutet uns Paradoxien zu, die man entweder ablehnt, belächelt oder auf ihren inneren, spirituellen »Wahrheitsgehalt« hin untersucht: Maria hört, was sie kaum glauben kann, fügt sich aber in ihr Schicksal und erklärt sich mit dem unvermeidlich Unerklärlichen einverstanden. Ohne Mann schwanger. Basta. Ihr demütiges Kopfneigen löst heute energisches Kopfschütteln aus. Eine betonhart männerdominierte katholische Kirche hat jahrhundertelang diesen Frauentyp himmelhoch verehrt. So schön widerspruchlos, gefügig, vorauseilend gehorsam, demütig!

Aber, hoppla: »Demut« meint ja nicht Mutlosigkeit, sondern ein Versöhntwerden mit den Umständen, wie sie nun mal sind. Und das nicht im Sinne von »Scheiß drauf, was soll's«, sondern im Sinne einer lebensklugen Besonnenheit. Als »Vita passiva« lobte der – mutig entschlossene, hyperaktive – Martin Luther diese Haltung. Denn: Ist ein »demütiges Ja« in manchen Lebenssituationen nicht die tapferere, die mutigere Verhaltensvariante?

Der Mann, der an der Seite seiner schwer kranken Frau jahrelang ausgeharrt hat? Die Frau, die den Absturz ihres Mannes in die Arbeitslosigkeit, in Sinn- und Seelenkrisen geduldig ausbalanciert? Die Familie, die bei ihrem drogensüchtigen Sohn bleibt und zu ihm steht? Die Pflegeeltern, Paten und Freunde eines mehrfach behinderten Kindes? Solch solidarisches Ausharren leisten die Leute als tägliches »Nein« zu den Selbstoptimierungs-Appellen, den Glücks- und Genuss-Versprechen einer Kultur, die Dauerparty als höchstes Lebensziel empfiehlt.

Marias demütiges Ja enthält ein mutiges Nein: Nein, es ist nicht immer müde Resignation, es kann auch heilige Zähigkeit sein, wenn jemand ausharrt, drinbleibt, aushält. Wenn Frauen und Männer die paradoxen, manchmal absurden, aber momentan nun mal nicht änderbaren Umstände ertragen.

Und im sechsten Monat wurde der Engel Gabriel von Gott gesandt in eine Stadt in Galiläa, die heißt Nazareth, zu einer Jungfrau, die vertraut war einem Mann mit Namen Josef vom Hause David; und die Jungfrau hieß Maria. Und der Engel kam zu ihr hinein und sprach: »Sei gegrüßt, du Begnadete! Der Herr ist mit dir!« Sie aber erschrak über die Rede und dachte: »Welch ein Gruß ist das?« Und der Engel sprach zu ihr: »Fürchte dich nicht, Maria! Du hast Gnade bei Gott gefunden. Siehe, du wirst schwanger werden und einen Sohn gebären, dem sollst du den Namen Jesus geben. Der wird groß sein und Sohn des Höchsten genannt werden; und Gott der Herr wird ihm den Thron seines Vaters David geben, und er wird König sein über das Haus Jakob in Ewigkeit, und sein Reich wird kein Ende haben.« Da sprach Maria zu dem Engel: »Wie soll das zugehen, da ich doch von keinem Manne weiß?« Der Engel antwortete und sprach zu ihr: »Der Heilige Geist wird über dich kommen, und die Kraft des Höchsten wird dich überschatten; darum wird auch das Heilige, das geboren wird, Gottes Sohn genannt werden.« Maria aber sprach: »Siehe, ich bin des Herrn Magd; mir geschehe, wie du gesagt hast.« Und der Engel schied von ihr.

# 56 Ein Lied, zwo, drei!

*Wie kommt sie denn da drauf?*

Wenn heute eine minderjährige Single-Frau feststellt, dass sie schwanger ist – ohne Ausbildung, ohne Einkommen, ohne geräumige Wohnung, ohne verlässlichen Mann, ohne helfende Großeltern –, was ist dann ihre naheliegendste Reaktion? Heult sie nächtelang? Denkt sie an Abtreibung? Geht sie eine ungewollte Ehe ein? Was dagegen sehr, sehr unwahrscheinlich ist: Sie bricht in Jubel aus wie bei sechs Richtigen im Lotto. Sie stimmt Fangesänge an, als hätte ein Bundesliga-Schlusslicht die Bayern geschlagen. Sie singt vom Sieg?!

Maria tut das. Ihre Hymne erzählt nicht vom Bäuchlein, das sich bildet, sondern von ihrer Seele, die Gott erhebt. Von ihrem Verstand, der sich am heil machenden Gott freut. Von der Sensation, dass sie – eine No-Name-Hilfskraft – jahrtausendelang geehrt und beglückwünscht werden wird.

So kam's ja auch, denn der lateinische Anfang dieses Textes ist zu einer Marke geworden: »Das Magnifikat«, an dem sich die besten Chöre, Orchester und Dirigenten der Welt seither begeistert abarbeiten.

Gereimter Mutterstolz? Selbstinszenierung einer »Ich-schaffe-das«-Alleinerziehenden? Überhaupt nicht: Maria lobt nicht sich, sondern die »Barmherzigkeit Gottes« und seine geradezu umstürzlerischen Eigenschaften.

Maria hat diesen Triumphgesang nicht erfunden. Sie folgt in ihrem Singen dem Vorbild Miriams, der Schwester des Mose (2. Mose/Exodus 15,21) und zitiert die langjährig kinderlose Hanna (1. Samuel 2,1–10), sie singt Psalmen, die sie aus der Synagoge kennt (Psalm 34, Psalm 103 und Psalm 147), aber: Es ist ihr ganz eigener, sehr weiblicher, sehr kämpferischer »Hit« geworden, der ausspricht, was alle Mütter und Väter einander und anderen gegenüber aussprechen sollten: Dass es eine erhebende Ehre ist, mit der Verantwortung für ein Kind betraut zu werden.

Und Maria sprach: »Meine Seele erhebt den Herrn, und mein Geist freuet sich Gottes, meines Heilandes; denn er hat die Niedrigkeit seiner Magd angesehen. Siehe, von nun an werden mich seligpreisen alle Kindeskinder. Denn er hat große Dinge an mir getan, der da mächtig ist und dessen Name heilig ist. Und seine Barmherzigkeit währet für und für bei denen, die ihn fürchten. Er übt Gewalt mit seinem Arm und zerstreut, die hoffärtig sind in ihres Herzens Sinn. Er stößt die Gewaltigen vom Thron und erhebt die Niedrigen. Die Hungrigen füllt er mit Gütern und lässt die Reichen leer ausgehen. Er gedenkt der Barmherzigkeit und hilft seinem Diener Israel auf, wie er geredet hat zu unsern Vätern, Abraham und seinen Nachkommen in Ewigkeit.«

# 57 Der tägliche Alptraum …

*… wird nachts plötzlich gut*

»Soso. Deine Verlobte ist schwanger, aber sie weiß nicht, warum. Vom Pollenflug vielleicht?« Man hört doch förmlich, was die Kunden des Schreiners Josef gespottet haben. Auch der Rat seiner Freunde ist naheliegend: »Maria lügt. Du bist ein gehörnter Mann. Also mach Schluss mit ihr. Je dramatischer, umso weniger Verdacht fällt auf dich selbst.«

Sexuell betrogen zu werden ist eine Demütigung. Ein Vertrauensbruch. Auch heute noch. Für Josef kommt der familiäre Druck hinzu. Ein Alptraum: Vorehelicher Geschlechtsverkehr galt im mosaischen Gesetz zunächst mal als Betrug am Vater des Mädchens: Hat jemand Söhne, werden die im Alter für ihn sorgen. Hat einer Töchter, sollen die künftigen Schwiegersöhne für seine Rente aufkommen. Deshalb gab es – und gibt es in vielen Völkern heute noch – den Brautpreis. Die Altersvorsorge der Brauteltern.

Hat aber bereits ein Unbekannter mit der Tochter geschlafen – vorehelich eben –, oder springt eine(r) der beiden Verlobten vom Eheversprechen ab, ist diese Rente futsch. »Es ist zum Davonlaufen«, denkt Josef.

Jesus war kein Wunschkind, sagt die Bibel. Aber als alle Grübelspiralen ausgeschaltet sind – nachts im Schlaf –, hört Josef drei unglaublich befreiende Botschaften: Du bist doch gebürtig aus der Linie des Königs David. Deshalb hat Gottes Geist – und nicht irgendwer – den seit Jahrhunderten erwarteten Retter in deine Familie hineingezeugt. Also hab keine Angst vor einer Zukunft mit Maria, Gott ist mit euch!

Schon die Zeugung des Jesus Christus signalisiert allen Kindern, die ihren Eltern ähnlich ungelegen kamen: Du bist ein Wunschkind Gottes. Von ihm aus gibt es gar keine unerwünschten. Auch bei vertrauens- und ehebrüchigen Eltern, in unfertigen und zerbrechenden Familien kann sich durchsetzen, was der Name »Immanuel« praktisch meint: Beistand. Ein Traum!

Zur Geburt von Jesus Christus kam es so: Seine Mutter Maria war mit Josef verlobt. Sie hatten noch nicht miteinander geschlafen. Da stellte sich heraus, dass Maria schwanger war – aus dem Heiligen Geist. Ihr Mann Josef lebte nach Gottes Willen, aber er wollte Maria nicht bloßstellen. Deshalb wollte er sich von ihr trennen, ohne Aufsehen zu erregen. Dazu war er entschlossen. Doch im Traum erschien ihm ein Engel des Herrn und sagte: »Josef, du Nachkomme Davids, fürchte dich nicht, Maria als deine Frau zu dir zu nehmen. Denn das Kind, das sie erwartet, ist aus dem Heiligen Geist. Sie wird einen Sohn zur Welt bringen. Dem sollst du den Namen Jesus geben. Denn er wird sein Volk retten: Er befreit es von aller Schuld.« Das alles geschah, damit in Erfüllung ging, was der Herr durch den Propheten gesagt hat: »Ihr werdet sehen: Die Jungfrau wird schwanger werden und einen Sohn zur Welt bringen. Dem werden sie den Namen Immanuel geben«, das heißt: Gott ist mit uns. Josef wachte auf und tat, was ihm der Engel des Herrn befohlen hatte: Er nahm seine Frau zu sich.

# 58 Der Klassiker

*»Die« Weihnachtsgeschichte?*

Wer nur Heiligabend in die Kirche geht, das aber jedes Jahr, kann ihn halbwegs auswendig: den Text aller Krippenspiele, den Klassiker.

Dabei kommt vor der großen Erzählung die große Zählung: Datenerhebung zwecks Steuerprüfung. Die Ein-»Schätzung« des Menschen auf seinen marktwirtschaftlichen Wert. Berühmte Vorfahren helfen nicht bei akuter Wohnungsnot, wenn Schwangere und Handwerker gesellschaftlich nicht zählen. Wer sein Geld nachts und im Freien verdienen muss wie die Hirten, hat's nötig. Und gerade diesen – namenlosen – Schichtarbeitern im Niedriglohnsektor leuchtet die »Klarheit« Gottes auf und seine sensationelle Botschaft ein: Der Schöpfer des Universums, der unsichtbare, undenkbare, geheimnisvolle Gott und »Herr himmlischer Heere« ist gerade so konkret Mensch geworden, dass er in Windeln scheißt – wie der Engel nicht versäumt zu erwähnen.

Wie bitte? Alle Philosophien verlagern die Vorstellung einer übermenschlichen Autorität ins Spekulative, alle Religionen ihre Gottheiten in ferne Sphären, Himmelshallen, Tempel und Paläste. Je unbegreiflicher, umso anbetungswürdiger. Gott geht den umgekehrten Weg: In diesem ärmlich untergebrachten Neugeborenen steckt das »Heil«-Werden für euch und ein »Friede auf Erden«, den ihr selber gar nicht herstellen könntet!

Dass sich Gott – hilfsbedürftig und verletzlich wie ein Baby – in die Hände der Menschen begibt, wird als religiöser Skandal das ganze kurze Leben des Jesus begleiten. Die »Selbsterniedrigung« Gottes wird als Zumutung die ganze Kirchengeschichte lang bezweifelt werden.

Die Hirten glauben es und laufen als erste »Zeugen«, als »Botschafter« des Evangeliums durch die Gegend. Kein Wunder, dass sich alle »wundern«. Bis heute tun wir das. Jedes Jahr, wenn »die« Geschichte kommt.

Es begab sich aber, dass ein Gebot von Kaiser Augustus ausging, dass alle Welt geschätzt würde. Und jedermann ging, dass er sich schätzen ließe. Da machte sich auf Josef aus der Stadt Nazareth in das judäische Land zur Stadt Davids, die da heißt Bethlehem, mit Maria; die war schwanger. Und als sie daselbst waren, kam die Zeit, dass sie gebären sollte. Und sie gebar ihren ersten Sohn, wickelte ihn in Windeln, legte ihn in eine Krippe; denn sie hatten sonst keinen Raum in der Herberge.
Und es waren Hirten in derselben Gegend, die hüteten des Nachts ihre Herde. Und des Herrn Engel trat zu ihnen, und sie fürchteten sich sehr. Der Engel sprach: »Fürchtet euch nicht! Siehe, ich verkündige euch große Freude; denn euch ist heute der Heiland geboren. Das habt zum Zeichen: Ihr werdet finden das Kind in Windeln gewickelt und in einer Krippe liegen.« Und alsbald war da die Menge der himmlischen Heerscharen, die lobten Gott.
Da sprachen die Hirten: »Lasst uns gehen gen Bethlehem.« Und sie fanden beide, Maria und Josef, dazu das Kind in der Krippe. Da sie es gesehen hatten, breiteten sie das Wort aus, welches zu ihnen von diesem Kinde gesagt war. Und alle, vor die es kam, wunderten sich über die Rede, die ihnen die Hirten gesagt hatten.

# 59 Himmlisches GPS

*Die Sterne lügen nicht. Sie schweigen.*

Astronom Johannes Kepler (1571–1630) entdeckte es: Drei Mal im Jahre 7 vor Christus gab's eine Konjunktion der Planeten Jupiter und Saturn, die auf der nördlichen Erdhalbkugel als heller Kegel zu sehen war. Aus römischen Texten wissen wir, dass in der antiken Astrologie der Planet Jupiter als Königsgestirn galt (»Beim Jupiter!«, würde Asterix sagen) und der Saturn dem Volk der Juden zugeordnet wurde. Das erklärt, warum die »Weisen« – dass es drei waren, steht nirgends – einen a) König, b) der Juden in c) Palästina suchten.

Die Herren, vermutlich aus Persien, fragen bei Hofe nach einem neugeborenen Königskind, lösen eine Regierungskrise aus und landen bei einem bettelarmen Paar in einem Stall! Sagen sie: »Sorry, falsche Adresse«? Nein, sie »fallen nieder und beten es an«, das Kind Jesus. Weil sie hinter den unscheinbaren Vorfindlichkeiten die religiöse, die spirituelle Realität erkennen. Deshalb heißen sie ja bis heute »die Weisen aus dem Morgenland« und nicht »die Blöden aus dem Morgenland«.

Die Beobachtung der Sterne hat sie zu einer Gottesbegegnung *hingeführt*. Nicht die Sterne selbst waren eine. Sterne als Schicksalsmächte? Die hätten sie auch zu Hause anbeten können. Sinnvoll wird ihre (Lebens-)Reise nicht durch den Stern von Bethlehem, sondern das Kind von Bethlehem. Belohnt wird ihre Hoffnung nicht von kaltem Licht aus dem All, sondern von Menschen, aus denen Gottes Liebe leuchtet. Insofern war – entgegen unserem Sprichwort – nicht der Weg das Ziel, sondern der Stern wies den Weg, aber Jesus war das Ziel.

Und die Geschenke? Der Goldkranz als Zeichen der Königswürde, der Weihrauch als Zeichen der Göttlichkeit und Myrrhe – eine wohlriechende Salbe – als Symbol des Wohlergehens haben dann die Tradition der »Weihnachtsgeschenke« ausgelöst. Aber dafür können die »Weisen« wirklich nichts.

Da Jesus geboren war, da kamen Weise aus dem Morgenland nach Jerusalem und sprachen: »Wo ist der neugeborene König der Juden? Wir haben seinen Stern aufgehen sehen und sind gekommen, ihn anzubeten.« Als das der König Herodes hörte, erschrak er und mit ihm ganz Jerusalem, und er ließ zusammenkommen alle Hohenpriester und Schriftgelehrten und erforschte, wo der Christus geboren werden sollte. Sie sagten: »Zu Bethlehem in Judäa; denn so steht es geschrieben durch den Propheten.«

Da rief Herodes die Weisen heimlich zu sich und erkundete genau, wann der Stern erschienen wäre, und sprach: »Zieht hin und forscht fleißig nach dem Kindlein; und wenn ihr's findet, so sagt mir's, dass auch ich komme und es anbete.« Als sie nun den König gehört hatten, zogen sie hin. Und siehe, der Stern, den sie hatten aufgehen sehen, ging vor ihnen her. Da sie den Stern sahen, wurden sie hocherfreut und gingen in das Haus und sahen das Kindlein mit Maria, und fielen nieder und beteten es an und schenkten ihm Gold, Weihrauch und Myrrhe. Und da ihnen im Traum befohlen wurde, nicht wieder zu Herodes zurückzukehren, zogen sie auf einem andern Weg in ihr Land.

# 60 Kindermord? Nicht unüblich

*Alles wie vorhergesagt?*

Josefs erster »Traum-Engel« beruhigte ihn und sagte: »Bleib da!« (Matthäus 1,20). Sein zweiter beunruhigt ihn und sagt: »Hau ab!« Der dritte beruhigt ihn wieder: »Kehr heim!«, aber Josef traut dem neuen Machthaber nicht, weil er ein Sohn des Kindsmörders ist. Vergleicht man römische Geschichtsdaten und -fakten mit biblischen »Weihnachtsgeschichten«, dann fällt auf: Im Jahre 0 unserer Zeitrechnung waren die erwähnten Politiker – Kaiser Augustus, Quirinius, Pilatus, Herodes – alle schon tot oder beruflich woanders. Datiert man Jesu Geburt jedoch auf das Jahr 7 vor Christus, stimmen die Angaben der Bibel exakt. Nur eben unsere Zeitrechnung nicht …

Bis 4 vor Christus regierte in Judäa zum Beispiel ein noch von Julius Cäsar eingesetzter Prokurator, der von seinen zehn Ehefrauen etliche Söhne und Schwäger hatte. Alle verdächtigte er als Putschisten – seit Cäsars Ermordung (»Auch du, mein Sohn Brutus?«) nicht unbegründet – und ließ deshalb vier von ihnen *vorsorglich* ermorden. Sein Name: König Herodes. So weit, so schlecht. Aber *alle* männlichen Kinder unter zwei Jahren, rund um Bethlehem?

Die rund 50 Millionen Kopten weltweit (und die Mehrheit der 1,1 Milliarden Christen überhaupt) glauben unumstößlich, dass Maria, Josef und das Jesuskind sich im heutigen Kloster ad-Dair al-Muharraq in Ägypten versteckten. Nur Matthäus, kein anderer Jesus-Biograf und keine »säkulare« Quelle, erwähnt den Kindermord von Bethlehem. Das muss kein Argument gegen ihn sein. Aber die Ähnlichkeit zur Mose-Erzählung (2. Mose/Exodus 1,15–16) und die wiederholte Begründung: »Es musste ja so kommen, damit sich erfüllt, was schon die Propheten voraussagten«, legen die Frage nahe, ob Erzähler Matthäus hier eine populäre Legende seiner Zeit aufgriff, um Jesus als den sozusagen »von unserer jüdischen Geschichte her lang angekündigten neuen Mose« zu ehren.

Als sie aber hinweggezogen waren, siehe, da erschien der Engel des Herrn dem Josef im Traum und sprach: »Steh auf, nimm das Kindlein und seine Mutter mit dir und flieh nach Ägypten und bleib dort, bis ich dir's sage; denn Herodes hat vor, das Kindlein zu suchen, um es umzubringen.« Da stand er auf und nahm das Kindlein und seine Mutter mit sich bei Nacht und entwich nach Ägypten. Als Herodes nun sah, dass er von den Weisen betrogen war, wurde er sehr zornig und schickte aus und ließ alle Knaben in Bethlehem töten und in der ganzen Gegend, die zweijährig und darunter waren. Als aber Herodes gestorben war, siehe, da erschien der Engel des Herrn dem Josef im Traum in Ägypten und sprach: »Steh auf, nimm das Kindlein und seine Mutter mit dir und zieh hin in das Land Israel; sie sind gestorben, die dem Kindlein nach dem Leben getrachtet haben.« Da stand er auf und nahm das Kindlein und seine Mutter mit sich und kam in das Land Israel. Als er aber hörte, dass Archelaus in Judäa König war anstatt seines Vaters Herodes, fürchtete er sich, dorthin zu gehen.

# 61 »Was hast du dir dabei gedacht?!«

*Frühpubertärer Zwischenfall*

»Wollte er nicht mit Jürgen heimfahren?« – »Er ist bestimmt bei Tante Lisa.« – »Ich dachte, Meiers nehmen ihn mit.« Wenn Sie von einem Volksfest nach Hause kommen und Ihr Kind ist weg – ab wann sind Sie panisch genug, die Polizei anzurufen? Maria und Josef sind es nach einem Tag.

War Jesus das, was man früher »folgsam« nannte, ein »braver Junge«? Nein, sagt die Bibel. Waren Maria und Josef umsichtige Eltern? Zumindest dieses eine Mal nicht. So eine Verletzung der Aufsichtspflicht würde jede Erzieherin den Job kosten. Die pädagogischen Chaostage der »heiligen Familie« stehen im selben Kapitel wie die Weihnachtsgeschichte: Lukas 2, der unromantische Teil.

»Am dritten Tag entdeckten sie ihn endlich« – also auf dem Oktoberfest sind sechs Millionen Leute, auf dem Evangelischen Kirchentag 120.000, so was kann dauern. Marias nervliche Verfassung ist nachvollziehbar, ihr Vorwurf auch. Aber: Wenn Eltern ihre (heranwachsenden) Kinder ein paar Wochen lang optisch oder ihre (großen) Kinder jahrelang sozial aus den Augen verlieren, sind sie deshalb nicht zwingend »verloren«. Ab Pubertät oder Adoleszenz, auf ihrer Identitäts-, Sinn- oder sogar Gottsuche, suchen und finden sie andere Gesprächspartner.

Maria und Josef finden ihren »Verlorenen« im Tempel. Weil er sich schon früh für Prophetentexte interessierte oder seine Beauftragung als Gesandter Gottes ahnte. Die nicht etwa reumütige, sondern freche Gegenfrage des Zwölfjährigen bedeutet: Elternsein ist schwer, weil wir Kinder haben, ohne sie »haben« zu dürfen. Weil »unsere« Kinder nicht unsere sind, sondern Gottes Kinder. Wir sollen fürsorglich verantwortlich Kinder erziehen, ohne besitzergreifend zu sein; ihnen Stabilität geben, ohne sie zur eigenen Stabilisierung zu missbrauchen – das ist der Härtetest der Liebe, keine Frage.

Jedes Jahr zogen die Eltern von Jesus zum Passafest nach Jerusalem. Als Jesus zwölf Jahre alt war, gingen sie mit ihm für das Fest dorthin – so wie es üblich war. Als das Fest vorüber war, machten sie sich wieder auf den Heimweg. Ihr Sohn Jesus blieb in Jerusalem zurück, aber seine Eltern merkten es nicht. Sie dachten: »Er ist bei den anderen Reisenden«, und wanderten den ganzen Tag weiter. Am Abend suchten sie ihn bei den Verwandten und Bekannten. Doch sie konnten ihn nicht finden. Da kehrten sie nach Jerusalem zurück und suchten ihn dort.
Am dritten Tag entdeckten sie ihn endlich im Tempel. Dort saß er mitten unter den Lehrern. Er hörte ihnen zu und stellte ihnen Fragen. Alle, die ihn hörten, waren sehr erstaunt über seine klugen Antworten. Seine Eltern waren fassungslos, als sie ihn dort fanden. Seine Mutter fragte ihn: »Kind, warum hast du uns das angetan? Dein Vater und ich haben dich verzweifelt gesucht!« Er antwortete: »Wieso habt ihr mich gesucht? Habt ihr denn nicht gewusst, dass ich im Haus meines Vaters sein muss?«

# 62 Sich taufen lassen …

*… was soll das?*

Wenn Sie mit dem Finger an der Fensterscheibe entlangfahren, bis sich ein Tropfen auf Ihrer Fingerkuppe bildet – ist der Tropfen dann die *ganze* Luftfeuchtigkeit im Raum? Nein, er ist nur der spürbare kleine Teil dessen, was sich an unsichtbar vorhandener Luftfeuchtigkeit niederschlägt.

Da steht ein Mann am Flussufer, dessen freakiges Outfit Neugierige anlockt und dessen Rede provoziert und fasziniert: »Ändert eure Gesinnung und euern Lebensstil und lasst euch zum Zeichen eurer Umkehr taufen!«, ruft der »Täufer« Johannes (Matthäus 3,1–6), und die Leute machen es! Wohl wissend, dass nicht das Wasser ihre Lebenslügen und ihren Seelenmüll »abwäscht«, sondern Gott sie verzeiht. Als plötzlich Jesus auftaucht und getauft werden will, fragt sich Johannes zu Recht: »Wieso? Wovon will der ›umkehren‹?« Antwort: Weil die Taufe ja auch Gottes Richterspruch symbolisiert, dass der Mensch »gerechtfertigt«, begnadigt, freigesprochen ist.

Als Jesus getauft aus dem Wasser stapft, sieht er den Geist Gottes – die Wesensart und Weisheit Gottes – »wie eine Taube« über sich. Das wünschen sich eigentlich alle, oder? Vor allem Eltern wünschen das ihren Kindern. Dass sie nicht »von allen guten Geistern verlassen«, sondern von Gottes Geist »beseelt« durchs Leben gehen, wie wir sprichwörtlich sagen.

Warum lassen Menschen sich und ihre Kinder taufen? Weil sie einen Tropfen, einen Niederschlag dessen haben wollen, was an unsichtbarer Wirklichkeit im Raum schwebt: ihr völliges Angenommensein bei Gott. Ihre Einbürgerung in die Familie Gottes.

Als »eine Stimme aus dem Himmel« Jesus als die autorisierte Repräsentanz Gottes auf Erden bestätigt (»mein Sohn« meint ja keine biologische Abstammung, sondern »die Autorisation, mich zutreffend darzustellen«), da weiß Täufer Johannes: Tatsächlich, der ist es. Jesus ist der »Gesandte«, der uns Gottes Wesen und Wollen in menschlicher Gestalt vorleben wird.

Damals kam Jesus aus Galiläa an den Jordan zu Johannes. Er wollte sich von ihm taufen lassen. Johannes versuchte, ihn davon abzuhalten. Er sagte: »Ich müsste doch eigentlich von dir getauft werden! Und du kommst zu mir?« Jesus antwortete: »Das müssen wir jetzt tun. So erfüllen wir, was Gottes Gerechtigkeit fordert.« Da gab Johannes nach.
Als Jesus getauft war, stieg er sofort aus dem Wasser. In diesem Moment öffnete sich der Himmel über ihm. Er sah den Geist Gottes, der wie eine Taube auf ihn herabkam. Da erklang eine Stimme aus dem Himmel: »Das ist mein geliebter Sohn, an ihm habe ich Freude.«

# 63 __ Los, zauber mal was!

*Die Versuchung zur Macht*

»Die zarteste Versuchung, seit es Schokolade gibt«, hieß mal ein Werbelied von Milka-Suchard. »Fünf Minuten auf der Zunge, fünf Jahre auf der Hüfte!«, widersprechen Sportlerinnen und widerstehen (meistens) der Versuchung. Jeder Übergewichtige, jeder Suchtkranke weiß, was »Machtkampf mit sich selbst« ist.

Gibt's lila Kühe? Nein. Gibt's die Summe alles Bösen konzentriert in einer Person namens »Teufel«? Wissen wir nicht. Ist aber erzählerisch konkreter als theoretisches Geschwurbel. Also: Kaum ist Jesus von Gott autorisiert, sein wesensgleicher Gesandter zu sein, der »Sohn Gottes« (Matthäus 3,17), da zieht Satan genau dies in Zweifel und verlangt Beweise: »*Wenn* du Gottes Sohn bist …« Als wäre er befugt, hier Prüfungen abzunehmen! Warum Jesus »vom Geist« inspiriert die Stille der Wüste wählt, um 40 Tage zu fasten, sagt der Text nicht. Aber dass man am Ende Heißhunger hat wie Hölle, leuchtet ein.

Dieses brennende Verlangen nutzt Satan aus, ebenso den Wunsch nach Unversehrtheit und politischer Allmacht. »Zauber Wohlstand herbei, teste mal, wie schnell dein Schutzengel fliegt, erfülle dir eine größenwahnsinnige Phantasie« – jedes Stückchen Schokolade ist in Bibelverse verpackt.

Gäb's vom Teufel nur Lügen, wäre er leicht zu entlarven. Leider flötet er auch fromme Wahrheiten. Perfide aus dem Kontext gerissen und gegen ihre Absicht verdreht. Jesus soll seine Göttlichkeit demonstrieren – und bleibt eisern menschlich! Nein, der Mensch (eben!) lebt nicht nur von Besitz, sondern braucht auch Gottes Gebote und Zuspruch. Nein, fahrlässig die Gesundheit aufs Spiel setzen ist nicht gläubig, sondern dumm. Nein, Ehrfurcht und Hingabe verdient allein Gott, nicht du. Satan hat verloren.

Der Mensch Jesus hat gewonnen. Indem er widersprach und widerstand. Muss man heute auch manchmal, um menschlich zu bleiben.

Jesus wurde vom Geist in der Wüste umhergeführt, 40 Tage lang. Dabei wurde er vom Teufel auf die Probe gestellt. Die ganze Zeit über aß er nichts. Am Ende war er sehr hungrig. Da sagte der Teufel: »Du bist doch der Sohn Gottes! Dann kannst du diesem Stein hier befehlen, dass er zu Brot wird.« Jesus antwortete: »In der Heiligen Schrift steht: ›Der Mensch lebt nicht vom Brot allein.‹«
Da führte der Teufel Jesus zu einer hochgelegenen Stelle. In einem einzigen Augenblick zeigte er ihm alle Königreiche der Welt. Dabei sagte der Teufel: »Ich will dir die Macht geben über alle diese Reiche in ihrer ganzen Herrlichkeit. Denn Gott hat sie mir übertragen, und ich gebe sie, wem ich will. Wenn du mich nun anbetest, wird alles dir gehören.« Jesus antwortete: »In der Heiligen Schrift steht: ›Du sollst den Herrn, deinen Gott, anbeten und ihn allein verehren.‹«
Da brachte der Teufel Jesus nach Jerusalem. Er stellte ihn auf den höchsten Punkt des Tempels und sagte: »Wenn du der Sohn Gottes bist, spring von hier hinunter! Denn in der Heiligen Schrift steht: ›Er wird seinen Engeln befehlen, dich zu beschützen.‹ Und: ›Auf ihren Händen sollen sie dich tragen, damit dein Fuß nicht an einen Stein stößt.‹«

# 64 Das Blaue vom Himmel versprochen

*Wer sagt denn so was?!*

»Jaaaa!! Glückwunsch!« Wir fallen uns in die Arme, wir jubeln, kreischen und pfeifen, wenn der Grund der Freude hart erkämpft und herbeigezittert wurde. Führerschein, Abitur, Bachelor oder Master, Sieg im Sport, ein Arbeitsvertrag nach dem Bewerbungsgespräch.

Die berühmte »Bergpredigt« Jesu beginnt verrückt: In fünf von neun Fällen werden Unglückliche beglückwünscht. Würde ich mit Blumenstrauß in der Hand sagen: »Glückwunsch, du bist arm! Gratuliere, du trauerst! Geil, du bist nicht durchsetzungsfähig! Toll, wie du hungerst nach gerechten Verhältnissen!« – Sie würden mich für durchgeknallt halten. Oder zynisch. Sagt das ein sozialromantischer Traumtänzer? Nein, Jesus. Das nicht ehelich geborene Flüchtlingskind, besitzlos, obdachlos, kinderlos. »Die Seligpreisungen werden nur vom Kreuz her verständlich«, schrieb Dietrich Bonhoeffer, bevor ihn die Nazis ermordeten. Jesus *geht es* bereits *wie denen*, die er anspricht.

»Und wer soll diese Versprechungen halten?!« – Gott. Die Frage lautet: Glaube ich, dass diese Glückwünsche von Gott verbürgt sind? Verlass ich mich drauf, dass man auf diese Weise getröstet, gesättigt, barmherzig umsorgt, kurz »selig« wird? »Ach so, belohnt wird ja erst post mortem, im Himmel …?« – Ja und nein: »Himmel« meint eine Sphäre, die man einerseits erst nach dem Tod erlebt, die andererseits aber schon jetzt in Köpfen und Herzen, in Worten und Taten knospenhaft sprießt. Eine schwangere Frau zum Beispiel hat das Kind schon in sich, bekommt es aber erst noch. Ihr heutiges Verhalten ist schon ganz beeinflusst von dem künftigen Ereignis. »Lebt so«, predigt Jesus in Hanglage, »von Gottes Zukunft her«, das heißt: Begegnet Armen respektvoll, tröstet die Weinenden, nehmt Partei für die Gewaltlosen, seid barmherzig mit den Fehlerhaften … Ihr werdet feststellen, dass Gott aus euren halben Sachen ganzes Glück machen kann.

Glückselig sind die, die wissen, dass sie vor Gott arm sind. Denn ihnen gehört das Himmelreich. Glückselig sind die, die trauern. Denn sie werden getröstet werden. Glückselig sind die, die von Herzen freundlich sind. Denn sie werden die Erde als Erbe erhalten. Glückselig sind die, die hungern und dürsten nach der Gerechtigkeit. Denn sie werden satt werden. Glückselig sind die, die barmherzig sind. Denn sie werden barmherzig behandelt werden. Glückselig sind die, die ein reines Herz haben. Denn sie werden Gott sehen. Glückselig sind die, die Frieden stiften. Denn sie werden Kinder Gottes heißen. Glückselig sind die, die verfolgt werden, weil sie für Gottes Gerechtigkeit eintreten. Denn ihnen gehört das Himmelreich. Glückselig seid ihr, wenn sie euch beschimpfen, verfolgen und verleumden, weil ihr zu mir gehört. Freut euch und jubelt! Denn euer Lohn im Himmel ist groß! Genauso wie euch haben sie früher die Propheten verfolgt.

# 65 Herzstück und Glutkern

*Alles gesagt, hoch verdichtet*

Wenn die Nationalspieler im Fußballstadion vor dem Anpfiff einen engen Kreis bilden und die Köpfe zueinanderneigen – was sagt ihnen der Kapitän dann, und was antworten sie? Wie geht ihr Schlachtruf? »Toi, toi, toi«? »Aufi geht's!«? Ich weiß es nicht.

Was Milliarden Christen seit 2.000 Jahren jeden Sonntag als eine Art Teambuilding-Mantra sagen, weiß ich: »Das« Vaterunser. Jesus lehrt es als Gegenteil zur klappernden »Gebetsmühle«, deren Schwunggewicht man durch Drehen in Gang hält. Als müsse der Mensch einem schwerhörigen Gott nervig »in den Ohren liegen«. Stattdessen eine Anrede, die die denkbar engste Beziehung voraussetzt, die es gibt: Kind sagt »Vater«. Und weiß auch, was ihn von anderen Vätern unterscheidet: »himmlisch«!

Dann kommen drei motivierende Aufforderungen wie eine Selbstverpflichtung: »Was du bist, ist mir heilig und voll gültig. Was du bewirkst, soll überall Wirklichkeit werden. Was du willst, nehme ich als Geschehen an.«

Gefolgt von drei Wünschen: Wir möchten bitte versorgt werden, begnadigt und befreit sein und dies auch anderen zugestehen, und wir möchten möglichst ungefährdet von Bösartigkeiten leben können.

Höher verdichtet geht nicht. Man hat die »Bergpredigt« (Matthäus 5–7) als Kern des Christentums bezeichnet. Das Vaterunser ist der Kern dieses Kerns. Hat es Jesus »erfunden«, frei formuliert? Na ja, es klingt wie eine Kurzversion von Psalm 145, aber was für eine! Hat er es selbst gebetet oder nur die anderen »gelehrt«? Wissen wir nicht.

Und wie wurde es zum Klassiker? Durch Autor Matthäus, knapp 50 Jahre später, und durch Kirchenvater Tertullian, der es ab 195 nach Christus als festen Bestandteil christlicher Gottesdienste etablierte. Was wiederum die Aufgabe beinhaltet, es nicht gedankenlos runterzuleiern …

Und wenn ihr betet, sollt ihr nicht viel plappern wie die Heiden; denn sie meinen, sie werden erhört, wenn sie viele Worte machen. Darum sollt ihr ihnen nicht gleichen. Denn euer Vater weiß, was ihr bedürft, bevor ihr ihn bittet. Darum sollt ihr so beten: »Unser Vater im Himmel! Dein Name werde geheiligt. Dein Reich komme. Dein Wille geschehe wie im Himmel so auf Erden. Unser tägliches Brot gib uns heute. Und vergib uns unsere Schuld, wie auch wir vergeben unsern Schuldigern. Und führe uns nicht in Versuchung, sondern erlöse uns von dem Bösen. Denn dein ist das Reich und die Kraft und die Herrlichkeit in Ewigkeit. Amen.«

# 66 Ohne Sorgenfalten hübscher

*Nicht naiv, aber frei*

Ja, manche Prostituierte beteuern, ganz freiwillig den »normalen Beruf einer Liebesdienerin« auszuüben. Schon das Wort stimmt mich skeptisch. Sexarbeit dient ja nicht der »Liebe«, sondern dem Geld.

Um Liebe, Dienst und Geld geht's hier am Anfang des Textes: Wer das Geld liebt und allein ihm dient, den wird der Zwang zur Wirtschaftlichkeit versklaven, warnt Jesus. Von innen sieht jedes Hamsterrad wie eine Karriereleiter aus. Aber Gier und Angst machen einen nicht reich, sondern unfrei. »Geld ist ein nützlicher Knecht, aber ein grausamer Herr«, sagte Martin Luther und machte ein aramäisches Wort im Deutschen sprichwörtlich: Mammon!

Aber von irgendwas muss ich doch leben! Übermorgen, nächstes Jahr. Ich bin weder Piepmatz noch Blümelein, sondern ein verantwortungsvoller Familienvater. Vernünftige Vorsorge ist ja auch Fürsorge. Profitable Geldanlage ist Alterssicherung, also was soll das naive Gequatsche von Lerchen und Lilien … Moment.

Jesus votiert nicht gegen Geldverdienen, schöne Klamotten und leckeres Essen, sondern gegen das Sich-Sorgen-Machen. Das versorgt nämlich niemanden. Und weil das letzte Hemd bekanntlich keine Taschen hat und jeder Arbeitstag genug Kopfzerbrechen bereitet, empfiehlt er eine zeitlos schicke Trachtenmode: »Trachtet zuerst nach der Gerechtigkeit der Welt Gottes.« Die kleidet einen freizügiger als die erstickende Businessbluse. Genuss und Status als jederzeit endlich betrachten. Das Herz an Gott und Menschen verschenken statt ans Geld zu verlieren. Innere Distanz zum Besitz halten. Sich in Gott geborgen wissen – so was kann man vernünftiger finden als das Wohlstandswachstum und den Optimierungszwang. »Tue zuerst das Notwendige, dann das Nützliche, danach das Schöne – und alles Wunderbare fällt dir zu«, sagte Franz von Assisi. Ein sorgenfreier Mönch und Empathie-Millionär.

»Ihr könnt nicht Gott dienen und dem Mammon. Darum sage ich euch: Sorgt euch nicht um euer Leben, was ihr essen und trinken werdet; auch nicht um euren Leib, was ihr anziehen werdet. Seht die Vögel unter dem Himmel an: Sie säen nicht, sie ernten nicht; und euer himmlischer Vater ernährt sie doch. Seid ihr denn nicht viel kostbarer als sie? Wer ist aber unter euch, der seiner Länge eine Elle zusetzen könnte, wie sehr er sich auch darum sorgt?
Und warum sorgt ihr euch um die Kleidung? Schaut die Lilien auf dem Feld an. Ich sage euch, dass auch Salomo in aller seiner Herrlichkeit nicht gekleidet gewesen ist wie eine von ihnen. Wenn nun Gott das Gras auf dem Feld so kleidet, das doch morgen in den Ofen geworfen wird: Sollte er das nicht viel mehr für euch tun, ihr Kleingläubigen? Darum sollt ihr nicht sorgen und sagen: ›Was werden wir essen? Womit werden wir uns kleiden?‹ Nach dem allen trachten die Heiden. Denn euer himmlischer Vater weiß, dass ihr all dessen bedürft. Trachtet zuerst nach dem Reich Gottes und nach seiner Gerechtigkeit, so wird euch das alles zufallen. Darum sorgt nicht für morgen, denn der morgige Tag wird für das Seine sorgen.«

# 67 Goldene Regel? Goldig …

*Faustformel für offene Hände*

Verkäuferinnen in Schuh- oder Modegeschäften fragen es hundert Mal am Tag: »Kann ich was für Sie tun?« Kellner in Restaurants brauchen nur zwei Wörter: »Sie wünschen?« In beiden Fällen ist die Rollenverteilung klar: Ich bin hier, um Sie zu bedienen. Und Sie werden anschließend sowohl das Produkt als auch die Dienstleistung bezahlen. So ist es im Alltag der Familien, der Nachbarschaften und der Gesellschaft aber nicht. Da sind Worte, Gesten, Haltungen und Handlungen keine verrechenbaren »Dienste«, sondern menschliche Selbstverständlichkeiten. Außerdem würde ich gern mehr und öfter bedient werden, ja, aber deshalb doch nicht jedermanns Diener werden! Und »Everybody's Darling« schon gar nicht.

Ich freue mich über Höflichkeiten, nettes Entgegenkommen, Rücksichtnahme, Hilfsangebote, Gefälligkeiten, Wertschätzung, klar. All diese Freundlichkeiten motivieren und verpflichten mich auch, ebenso freundlich und hilfsbereit zu sein. Aber mal ganz unter uns: Wo hört der Spaß auf? Da, wo verrechnet wird. Wo Großzügigkeit in Anspruchshaltung kippt. »Do ut des«, hieß ein lateinisches Sprichwort, »Ich gebe, damit du gibst«. Wenn ich ein Geschenk abschicke, mir den Preis und das Porto notiere und nächstes Jahr Weihnachten prüfe, ob das »Gegengeschenk« in etwa ebenso teuer war. Da hört der Spaß auf.

Vielleicht ist das berühmte Jesus-Zitat aus der Bergpredigt ja deshalb nur in der Negativ-Wendung, als Warnung, sprichwörtlich geworden: »Was Du nicht willst, dass man Dir tu, das füg auch keinem andern zu.« Klar. Du willst nicht angelogen und beklaut werden, also lüge und stehle nicht. Von Mobbing, Gewalt und Betrogenwerden ganz zu schweigen. Die auf den ersten Blick simpel einleuchtende »Goldene Regel« hat einen trickreichen Nachsatz: »Das ist das Gesetz und die Propheten.« Was Jesus damit meint, kriegen wir später …

Alles nun, was ihr wollt, dass euch die Leute tun sollen, das tut ihr ihnen auch! Das ist das Gesetz und die Propheten.

# 68_Ungerecht! Der Preis der Arbeit …

*… und der Wert des Menschen*

Als Personaldisponent eine Pfeife, dieser Weinbergbesitzer, oder? Gab's denn keinen Bedarfsplan? Das Reifen der Weintrauben überrascht ihn so, dass er vier Mal am Tag neue Arbeiter sucht? Jesus erzählt das Gleichnis nicht unter dem Motto »Zahlt Tarife wie folgt …«, sondern er redet von Gottes Gerechtigkeitssinn: Auf dem Arbeitsmarkt sind die Besten sofort angestellt, und die handeln einen fetten Tagessatz aus. Wenn die Branche brummt und es gibt Leute, die »keiner wollte« – was sind das für Schwachmaten? Zu ungebildet, zu oft krank, zu undeutsch, zu weiblich?

Als diese Last-Minute-Arbeiter den vollen Tagessatz als Stundenlohn bekommen, rechnen sich die Frühaufsteher den Betrag mal elf aus. Bingo! Aber Schock: Sie kriegen »nur« dasselbe. Wie vereinbart. Tagessatz. Der Arbeitgeber kommt seinen Verpflichtungen nach. Eigentlich gibt's nix zu meckern. Aber es gibt jetzt was zu vergleichen: »Zehn Jahre Medizinstudium will ich doch vergütet haben, Mann!« Klar. Aber Menschen soll man nicht vergleichen. Männer nicht, Frauen nicht. Und Kinder erst recht nicht.

Es gibt Leute, die kostet eine Stunde Arbeit genauso viel Kraft wie den Starken elf Stunden. Auch in der Lebensbewältigung: Die gemobbte 14-Jährige hat in der Kosmetikabteilung nichts geklaut. Der suchtgefährdete Vater, Verlierer im Sorgerechtsprozess, hat den Heiligabend ohne Besäufnis geschafft. Die Obdachlose traut sich, ihre Kinder wiederzusehen.

»Ihr Starken beneidet diese Schwachen, weil Gott den Wert des Menschen höher veranschlagt als den Lohn ihrer Leistung?!«, fragt Jesus implizit. »Dann tauscht doch!« Gott ist nachsuchend barmherzig und bei ihm »werden die Letzten die Ersten sein«. Sprichwörtlich. Das meint: Wert und Würde des Menschen müssen unabhängig von seiner Leistungsfähigkeit garantiert sein.

Jesus fuhr fort: »Das Himmelreich gleicht einem Grundbesitzer. Der zog los, um Arbeiter für seinen Weinberg einzustellen. Er einigte sich mit ihnen auf einen Lohn von einem Silberstück. Um die dritte Stunde ging er wieder los. Er sagte zu den Männern: ›Geht in meinen Weinberg. Ich werde euch gut bezahlen.‹ Ebenso machte er es um die sechste und um die neunte Stunde. Um die elfte Stunde stellte er ein letztes Mal Männer ein.
Am Abend sagte der Besitzer zum Verwalter: ›Ruf alle zusammen und zahl den Lohn aus! Fang bei den Letzten an und hör bei den Ersten auf.‹ Also kamen zuerst die, die um die elfte Stunde angefangen hatten. Sie erhielten ein Silberstück. Zuletzt kamen die, die als Erste angefangen hatten. Sie dachten: ›Bestimmt bekommen wir mehr!‹ Doch auch sie erhielten ein Silberstück. Sie beschwerten sich: ›Die als Letzte gekommen sind, haben nur eine Stunde gearbeitet. Aber du hast sie genauso behandelt wie uns.‹ Da sagte der Grundbesitzer zu einem: ›Ich tue dir kein Unrecht. Haben wir uns nicht auf ein Silberstück geeinigt? Nimm das, was dir zusteht! Kann ich mit meinem Besitz nicht machen, was ich will? Oder bist du neidisch, weil ich so großzügig bin?‹ So werden die Letzten die Ersten sein und die Ersten die Letzten.«

# 69 Ekel, Angst und Widerstand

*Ansteckende Gesundheit*

»Mancher Mundgeruch ist ekelhafter als der Gestank von Exkrementen«, sagt die Zahnarzthelferin. Sie muss es wissen, sie pflegt zu Hause ihre demente Mutter.

Die Haut wird weiß und schuppig, schält sich ab. Am offenen Fleisch gibt es eiternde Wucherungen, auch im Gesicht. Das hieß noch nicht »Lepra«, als Luther die Bibel übersetzte, sondern »Aussatz«. Weil die Infizierten ausgesetzt, verbannt, in der Antike sogar für tot erklärt wurden. So ein Untoter hat die Isolationssperren überwunden und zeigt sie: die Wunden. Statt panisch davonzulaufen, bleibt Jesus stehen und hört ihm zu. Das ist standhafter Widerstand gegen Ekel (»Ich mag gar nicht hinschauen«) und Angst (»Der steckt mich an!«). Verkehrspolizisten, Ärzte in der Notaufnahme, Feuerwehrleute kennen das.

Kein Widerstand jedoch gegen Empathie und Mitgefühl: Die verzweifelte Bitte des Gequälten rührt ihn und – er berührt ihn! Schock Nummer zwei für alle Umstehenden. Von Mitleid allein haben Todgeweihte nicht viel. Von Berührungen schon. Intensivpflegerinnen und Angehörige kennen das.

Jesus verunreinigt sich – medizinisch sowieso, aber auch religiös-rituell nach gängiger Vorstellung –, und aus dem Glauben des Kranken und dem Willen Gottes entsteht infektiöse Gesundheit. Ein Heilungswunder. Jesus durchbricht das Naturgesetz, entspricht aber dem Kulturgesetz: Unerklärlich Geheilte müssen dies amtlich bestätigen lassen und sollen im Tempel ein Dankopfer spenden. Außerdem: Diskretion bitte! Weil übernatürliche Heilungen nicht als Präzedenzfall taugen und keinen Anspruch auf Wiederholbarkeit generieren. Der geheilte Patient tut natürlich nicht, was er soll – Ärzte kennen das –, und Jesus wird ein Publikumsmagnet. Gegen seine Absicht!

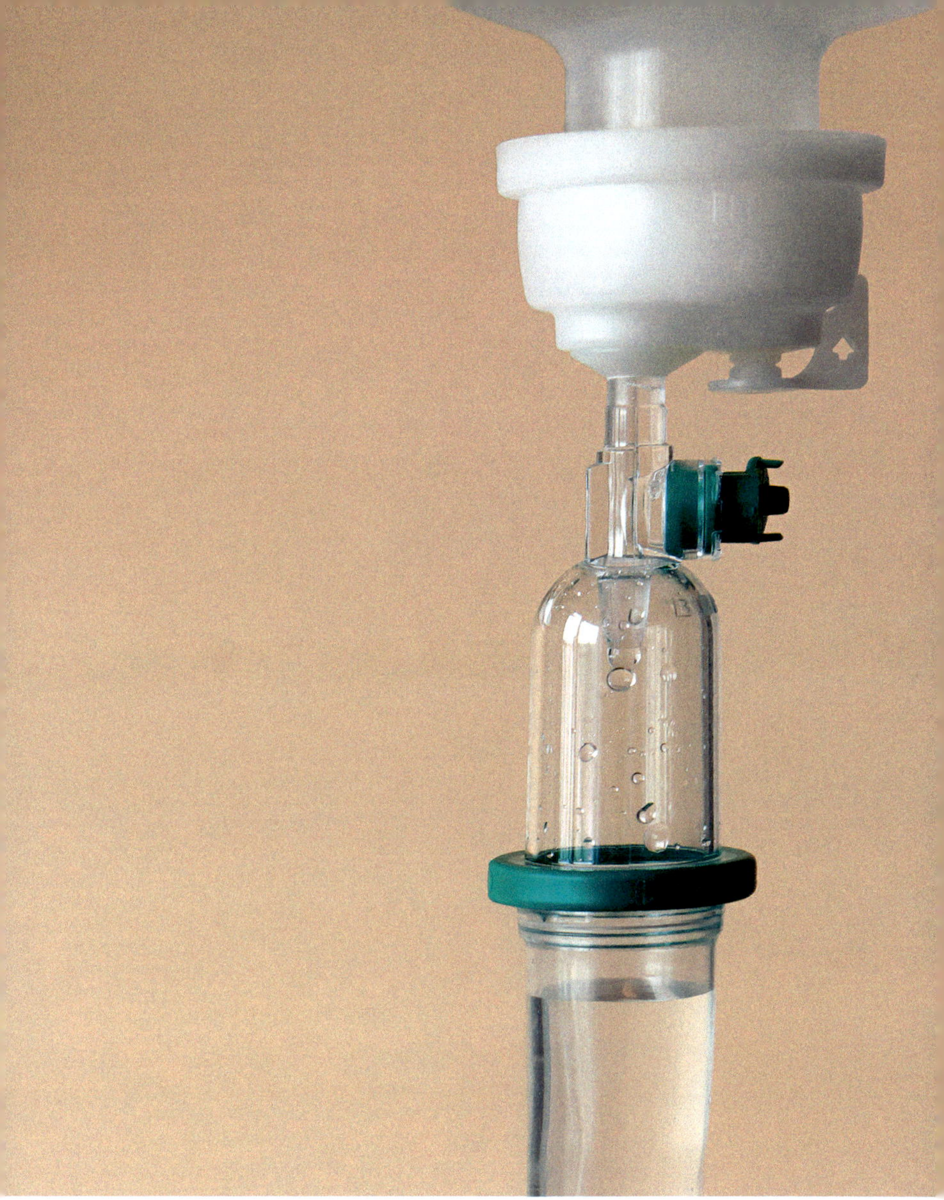

Einmal kam ein Mann zu Jesus, der an Aussatz erkrankt war. Er fiel vor ihm auf die Knie und flehte ihn an: »Wenn du willst, kannst du mich rein machen.« Jesus hatte Mitleid mit ihm. Er streckte die Hand aus, berührte ihn und sagte: »Ich will. Sei rein!« Im selben Augenblick verschwand der Aussatz, und der Mann wurde geheilt und rein. Sofort schickte Jesus ihn weg. Dabei schärfte er ihm ein: »Pass auf, dass du niemandem irgendetwas davon erzählst. Geh, zeige dich dem Priester und bring die Opfer, um deine Reinheit wiederherzustellen. So hat Mose es vorgeschrieben. Dadurch sollen alle erfahren, dass du geheilt worden bist.« Aber der Mann ging weg und verkündete überall, was Jesus getan hatte. Bald konnte Jesus nicht mehr unerkannt in eine Stadt kommen. Deshalb blieb er an einsamen Orten. Trotzdem kamen die Leute von überallher zu ihm.

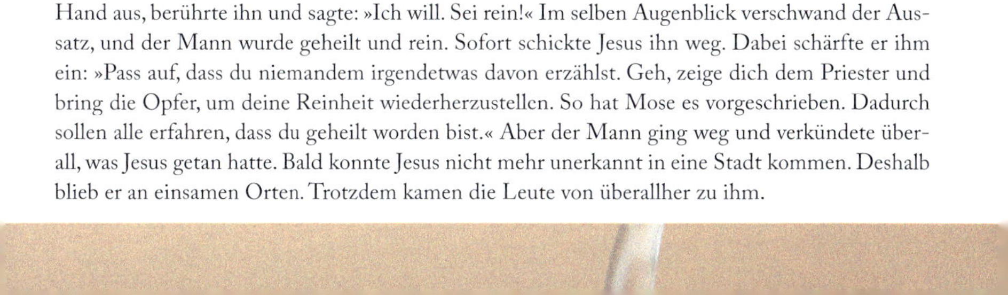

# 70 Freundlicher Vandalismus

*Hätte ich vier Typen wie die?*

Volles Haus. Die Leute stehen bis auf die Straße. Vier Freunde eines Gelähmten ärgern sich, dass die Bauverordnung für barrierefreie Zugänge noch nicht erfunden ist. Sie klettern aufs Dach (sportlich), hieven den Liegenden hinauf (kräftig), stemmen zwei Quadratmeter Dachpappe und Mörtel auf (mühselig), treiben das nun staubbedeckte Publikum auseinander (rücksichtslos) und lassen das Pflegebett an vier Seilen hinunter (gefährlich), damit ihr Freund aus der ersten Reihe zuhören kann (dreist).

Ein Schwabe hätte die Typen wegen Hausfriedensbruch angezeigt. Jesus dagegen sagt zu dem Gelähmten: »Mein Kind ...« Zwei Wörter stellen klar: Der leidende, der kranke Mensch gehört zu Gott auf die denkbar engste Weise, die es gibt: wie ein Kind zu seinen Eltern. Auch der bewegungsunfähige Mensch hat unverlierbare Menschenwürde! Jesus könnte jetzt Kärtchen und Eddingstifte verteilen und sagen: »Uns ist ein Fall-Beispiel vor die Füße gefallen. Warum gibt es überhaupt Behinderte?« Stattdessen sagt er: »Deine Sünden sind dir vergeben!« Womit er nicht die primitive Unterstellung bedient, Krankheit sei Strafe für Sünde, sondern ganz unpolemisch feststellt: Auch der leidende Mensch ist ein schuldbeladener Mensch. Wir werden nicht zu Engeln, sobald wir auf die Intensivstation kommen. Was für Ekelpakete es in Reha-Kliniken und Pflegeheimen gibt, können gemobbte Altenpflegerinnen erzählen.

Als die Theologen unter den Zuschauern meckern, das sei ja wohl eine gotteslästerliche Anmaßung, Sünden im Namen Gottes zu vergeben, steht der unerklärlich geheilte Ex-Gelähmte auf und geht. Diesmal zum Glück durch die Tür.

Wenn ich gelähmt wäre – vor Sorge, Angst, Trauer –, gäbe es dann vier Freunde, die mich tragen und ertragen würden? Und wen trage ich eigentlich? Für wen würde ich nichts unversucht lassen, ihm zu helfen?

Später kam Jesus nach Kapernaum zurück. Es sprach sich herum, dass er da war. Daraufhin strömten viele Menschen herbei. Jesus verkündete ihnen das Wort Gottes. Da brachten Leute einen Gelähmten. Er wurde von vier Männern getragen. Aber wegen der Volksmenge konnten sie nicht bis zu Jesus vordringen. Deshalb öffneten sie das Dach. Sie ließen den Gelähmten auf seiner Matte herunter. Jesus sah, wie groß ihr Glaube war, und sagte zu dem Gelähmten: »Mein Kind, deine Sünden sind dir vergeben.«

Es saßen aber auch einige Schriftgelehrte dabei. Die dachten: »Das ist Gotteslästerung! Nur Gott allein kann Sünden vergeben.« Doch Jesus wusste sofort, was sie dachten. Er sagte: »Was ist einfacher? Dem Gelähmten zu sagen: ›Deine Sünden sind dir vergeben‹, oder: ›Steh auf, nimm deine Matte und geh umher‹? Aber ihr sollt sehen, dass der Menschensohn von Gott Vollmacht bekommen hat. So kann er hier auf der Erde den Menschen ihre Sünden vergeben.« Deshalb sagte er zu dem Gelähmten: »Ich sage dir: Steh auf, nimm deine Matte und geh nach Hause.« Da stand der Mann auf, nahm seine Matte und ging. Sie gerieten außer sich, lobten Gott und sagten: »So etwas haben wir noch nie erlebt.«

# 71 Reicht's? Es reicht.

*Picknick ohne Kühltasche*

Haben Sie jemals *zu wenig* eingekauft, gekocht und aufgetischt? Oder immer noch was übrig, wenn die Gäste gegangen sind? Sommergrillen, Geburtstagsparty, Weihnachtsessen – aus dem vorher befürchteten Vorratsmangel wird hinterher Platzmangel im Kühlschrank. Vor allem, wenn der noch gar nicht erfunden ist: Massen-Events auf dem Land sind ein Logistikproblem. Man kennt das von Rockfestivals. Der Dorfladen hat zu, der EC-Automat ist defekt, das Kleingeld reicht nicht. Aber als Jesus ein seltsam feierliches Dankgebet spricht und nur fünf Brote und zwei Fische verteilen lässt – da reicht es plötzlich für alle! Zwölf Körbe Reste bleiben übrig.

Dieses sogenannte »Brotwunder« hat Bibellesern Kopfzerbrechen bereitet, weil in Markus 6 »5.000 Männer« satt werden, in Markus 8 noch einmal »4.000«, bei Matthäus »4.000, ohne Frauen und Kinder«, bei Lukas und Johannes »etwa 5.000«. Na ja, wie viele waren bei der Demo? Frag den Veranstalter, frag die Polizei.

Die fünf Mal erzählte Szene wurde immer schon »mehr so im übertragenen Sinne« ausgelegt. Kirchenlehrer der Antike sagten: Die fünf Brote sind die fünf Bücher Mose, die zwei Fische sind die Psalmen und die Prophetenbücher. Diese Geistesnahrung verteilen seither die zwölf Apostel.

Die Reformatoren des Mittelalters sagten: Die Brote sind das Seelenheil, die Fische das Leibeswohl – vermehren wir beides mit den Körben der Kirchen und Krankenhäuser!

Und wir heute?

Jesus fragt, was wir haben (Bruttosozialprodukt plus Vermögenswerte plus Forschungspatente), dankt Gott dafür und beauftragt uns, es zu verteilen. Dass elf Prozent der Weltbevölkerung hungern, müsste ja nicht sein – wenn die reichen G-20-Staaten Wasser, Nahrung, Energie, Bildung und Arbeitsstellen gerechter verteilen würden, stimmt's?

Jesus sah die große Volksmenge. Da bekam er Mitleid mit den Menschen, denn sie waren wie Schafe, die keinen Hirten haben. Darum lehrte er sie lange.
Später sagten seine Jünger zu ihm: »Es ist eine einsame Gegend hier, und es ist schon sehr spät. Lass die Leute in die umliegenden Höfe und Dörfer gehen und sich etwas zu essen kaufen.« Aber Jesus antwortete: »Gebt doch ihr ihnen etwas zu essen.« Da sagten sie zu ihm: »Sollen wir losgehen und für 200 Silberstücke Brot kaufen?« Jesus fragte sie: »Wie viele Brote habt ihr dabei?« Als sie es herausgefunden hatten, sagten sie: »Fünf, und zwei Fische.« Dann ordnete Jesus an: »Alle sollen sich in Gruppen zum Essen niederlassen.« So setzten sich die Leute zu 100 oder zu 50. Dann nahm Jesus die fünf Brote und die zwei Fische. Er blickte zum Himmel auf und dankte Gott. Dann brach er die Brote in Stücke und gab sie seinen Jüngern, die sie verteilen sollten. Auch die zwei Fische ließ er an alle austeilen. Die Leute aßen, und alle wurden satt. Danach sammelten sie die Reste von Brot und Fisch, die sie übrig gelassen hatten – zwölf Körbe voll. Es waren 5.000 Männer, die von den Broten gegessen hatten.

# 72 Unbekümmertes Zutrauen

*Kindlich statt kindisch*

Ein magischer Moment: Die Pianistin spielt den hauchzartesten Part des Beethoven-Abends. Hin-rei-ßend! Das Publikum atemlos. Da! Ein Dreijähriger watschelt zur Bühnendekoration. Ein Papa ruft laut: »Nein, Sören, nicht die Blumen anfassen, hörst du?« Die Konzertatmosphäre zerplatzt, die Pianistin stürzt ab.

Dass die Jünger um Jesus erst mal den Türsteher machen, als Mütter scharenweise Kinder mitbringen, ist klar. Wer jemals für 18 Euro Eintritt von einem Kleinkind und seinen stolzen Eltern in akustische Geiselhaft genommen wurde, versteht das. Und Jesus? Der singt nicht »Kinder an die Macht!« mit Herbert Grönemeyer, sondern sagt: »Gottes Reich« – also alle immateriellen Werte, die man weder selbst herstellen noch kaufen kann – »gehört Leuten, die sich das Urvertrauen, die Unbekümmertheit und emotionale Unmittelbarkeit eines Kindes bewahren. In selbstvergessenem Spiel, in vorbehaltloser Zuwendung, in einer unkalkulierten Liebe und Hingabe anderen zu begegnen ist nicht unreif oder naiv, sondern vorbildlich.«

Aber irgendwann machen schwere Kindheit, schlimme Erziehungsfehler, traumatische Schulerfahrungen, harter Ausbildungswettbewerb und üble Arbeitsbedingungen aus uns doch jene »vernünftigen Erwachsenen«, die wir sind, oder? Leider ja. Und? Wonach suchen wir dann? Nach dem »inneren Kind«, nach einer Ursprünglichkeit, die anrührend menschlich, die eben nicht »kindisch«, sondern im guten Sinne »kindlich« ist.

»Lasst zu, dass Kinder vorbehaltlos und vorurteilsfrei zu mir kommen«, also verblüffend freche Fragen stellen und der Religion und Spiritualität alles zutrauen. Ein Rüffel für die verkopft Vernünftigen und die strengreligiösen Türsteher des Glaubens. Jesus »herzt und segnet« die Kinder, was die umstehenden Mütter und Väter zu Tränen gerührt haben dürfte.

Und sie brachten Kinder zu ihm, damit er sie anrühre. Die Jünger aber fuhren sie an. Als es aber Jesus sah, wurde er unwillig und sprach zu ihnen: »Lasset die Kinder zu mir kommen und wehret ihnen nicht, denn solchen gehört das Reich Gottes. Wahrlich, ich sage euch: Wer das Reich Gottes nicht empfängt wie ein Kind, der wird nicht hineinkommen.« Und er herzte sie und legte die Hände auf sie und segnete sie.

# 73 Haste was, dann biste was …

*… bleibst aber immer unzufrieden*

Sein auffälligstes Merkmal steht im letzten Halbsatz: Er ist reich. Besitzt viel, vermisst aber auch viel. Werte, die man weder kaufen noch lernen kann: seelische Stabilität, persönliche Ausstrahlung, heitere Gelassenheit, Versöhntsein mit sich und anderen. Ein Lebensglück, so heil und harmonisch, als wär es nicht von dieser Welt. »Ewig« nennt Erzähler Markus solche Lebensqualität, »Seligkeit«, sagte Luther. »Wie krieg ich die?«, fragt der Mann. Und als Jesus ihm vorschlägt, die Zehn Gebote zu befolgen, kann er topkorrekte Wohlanständigkeit vorweisen. Dabei wollte er nicht vorschriftsmäßiger werden, sondern glücklicher! Hier und jetzt und nach dem Tod.

»Da gewann ihn Jesus lieb« – den innerlich verarmten Reichen – und mutet ihm eine Ungeheuerlichkeit zu: Alles loslassen! Deinen Besitz verkaufen, verschenken, wegspenden und in den himmlischen Fond nicht materieller Werte investieren (»Schatz im Himmel«). Der wirft nämlich als Dividende genau jene Eigenschaften und Lebenszufriedenheit ab, die du vermisst.

Zu viel verlangt. Macht er nicht, der Glückssucher. Schluss. Aus. Vorbei. Die Leute um Jesus sind »entsetzt«, verständlicherweise. Sie haben keineswegs alles verschenkt. Besitzlosigkeit als höchstes Glück funktioniert vielleicht bei ein paar Bettelmönchen – für Familienväter und -mütter nicht. Jesus war als Gast doch selber Nutznießer von Besitzenden! Was Jesus auf diese Einwände antwortet, ist sprichwörtlich geworden: »Leichter geht ein Kamel durchs Nadelöhr als ein Reicher in den Himmel.« Schade, dass das Sprichwort da abbricht. Vollständig heißt es: »Aber bei Gott ist nichts unmöglich.« Also erleben auch Millionäre dieses »selige« Leben mit dem Prädikat »ewig«? Ja, wenn sie nicht vom Besitz besessen sind, sondern sich eine innere Freiheit bewahren, jederzeit loslassen zu können.

Jesus machte sich wieder auf den Weg. Da kam ein Mann angelaufen. Er fiel vor ihm auf die Knie und fragte ihn: »Guter Lehrer, was muss ich tun, damit ich das ewige Leben bekomme?« Jesus antwortete: »Warum nennst du mich gut? Niemand ist gut außer dem Einen: Gott. Du kennst doch die Gebote.« Aber der Mann sagte: »Lehrer, die habe ich alle seit meiner Jugend befolgt.« Jesus sah ihn an. Er gewann ihn lieb und sagte zu ihm: »Eins fehlt dir noch: Geh los, verkaufe alles, was du hast, und gib das Geld den Armen. So wirst du einen Schatz im Himmel haben. Dann komm und folge mir!« Der Mann war betroffen von dem, was Jesus sagte, und ging traurig weg. Denn er hatte ein großes Vermögen.

Jesus sah seine Jünger an und sagte: »Ja, Kinder, wie schwer ist es doch, in das Reich Gottes hineinzukommen. Leichter geht ein Kamel durch ein Nadelöhr, als dass ein Reicher in das Reich Gottes hineinkommt.« Da gerieten die Jünger völlig außer sich und fragten einander: »Wer kann dann überhaupt gerettet werden?« Jesus sah sie an und sagte: »Für Menschen ist es unmöglich, aber nicht für Gott. Denn für Gott ist alles möglich.«

# 74 All you need is love

*In 3-D bitte*

Steffi hat fünf Jahre Jura, zwei Jahre Referendariat und sechs von sieben Klausuren des zweiten juristischen Staatsexamens geschafft, da lautet die Prüfungsfrage: »Was ist das Wichtigste?«

Hä? Das Wichtigste wovon? Zivilrecht, Strafrecht, Verkehrsrecht, Familien-, Verwaltungs- oder Wirtschaftsrecht? Die Volljuristin durchwühlt ihr Halbwissen – und ein palästinensischer Schreiner aus der Antike sagt: »Liebe! Liebe Gott und deinen Nächsten wie dich selbst.«

Für den Juristen, der Jesus fragte, war klar: Mit »Gesetz« meine ich die jüdische Rechtssammlung (2. Mose/Exodus 19–24 und 5. Mose/Deuteronomium 12–26) als Lebensordnung, Satzung und Bundesschluss mit Gott und Menschen. Zu dieser »Thora« gibt es 613 Einzelbestimmungen. Damit nicht jeder Hansel Gut und Böse für so beliebig hält wie der Klempner den Hammer, unterrichten wir »Rabbiner« die praktische Anwendung für das moralisch richtige, das ethisch gute Leben. Und was lehrst du?

Jesus sagt nicht verkürzt »Nächstenliebe!«. Oder »Doppelgebot der Liebe«. Er nennt *drei* liebesmotivierte Beziehungen: die vertikale zu Gott, die horizontale zum Nächsten und die zentrale zu einem selbst. Diese 3-D-Liebe erzeugt gesundes »Selbst«-Bewusstsein, soziale »Nächsten«-Verantwortung und vitale »Gottes«-Spiritualität. Später wird Paulus diese ganzheitliche Liebe die »Erfüllung des Gesetzes« nennen (Römer 13,9), denn wer nur das religionsgesetzlich Richtige für das menschlich Gute hält, läuft am Ende rum wie die Ultraorthodoxen im Jerusalemer Stadtteil Mea Shearim.

Kann nicht jeder, wollen nicht alle. Aber lieben und geliebt werden – das wollen alle, oder?

Wer Gott als den Maßgebenden ehrt, die Mitmenschen als Nahestehende versteht und sich selbst angenommen hat, wird das Richtige und Gute wollen. Weshalb Theologe Augustinus zu sagen wagte: »Liebe! Und dann tu, was du willst.«

Ein Schriftgelehrter fragte Jesus: »Welches Gebot ist das wichtigste von allen?« Jesus antwortete: »Das wichtigste Gebot ist dieses: ›Höre, Israel: Der Herr ist unser Gott, der Herr allein! Du sollst den Herrn, deinen Gott, lieben mit deinem ganzen Herzen, mit deiner ganzen Seele, mit deinem ganzen Denken und mit deiner ganzen Kraft.‹ (5. Mose 6,4-5). Und als Zweites kommt dieses dazu: ›Liebe deinen Mitmenschen wie dich selbst.‹ (3. Mose 19,18). Kein anderes Gebot ist wichtiger als diese beiden.«

# 75 Wer sagt das?!

*Ein weitreichendes Machtwort*

Wichtig ist doch, *wer* was gesagt hat. »Man muss auch mal abschalten können« – sagte das die Yogalehrerin oder der Chef vom Kernkraftwerk?

Wenn Sie in einer Firma angestellt sind, können Sie unterscheiden, was ein netter Wunsch vom Schmidtchen war und was eine finale Ansage von Schmidt. Hierarchie halt. Der römische Zenturio kennt sich damit aus. Aber seine militärische Befehlsgewalt heilt nun mal keinen todkranken Freund und Mitarbeiter. Was macht man an den Grenzen der eigenen Macht? Wenn einen die Not zum Bittsteller degradiert hat? Netzwerken, genau! Er kennt Leute, die kennen Leute. Er schickt jüdische Honoratioren zu Jesus, und die empfehlen ihn als einen von den Guten. Ein Römer, ja. Hat aber den Bau jener örtlichen Synagoge finanziert, in der Jesus doch erst neulich einen Kranken geheilt hat (Lukas 6,6–11)!

Jesus sagt den Hausbesuch zu, da fällt dem Zenturio ein: Darf der sich religiös-rituell bei mir, dem »Heiden«, verunreinigen? Wahrscheinlich nicht. Also lässt er ganz kultursensibel ausrichten: Bleib, wo du bist, aber bitte sprich ein Machtwort, damit mein Adjutant überlebt. Wenn du was sagst, ist das von höherer Autorität, als wenn ich was sage.

Ein Credo, ein Glaubensbekenntnis! Er anerkennt, er vertraut auf die göttliche Autorisation des Schreiners aus Nazareth. Die wird von den Frommen in Kapernaum ja gerade heftig bezweifelt. Manche säkulare Konfessionslose sind »gläubiger«, als die Frommen glauben, sagt Reporter Lukas. Und mutet uns Lesern heute gleich noch eine berührungslose Fernheilung zu.

Klingt arg magisch und wird von Spinnern auch gern als »Willensenergie« oder »Kraft positiver Gedanken« oder als Argument gegen die Schulmedizin missbraucht. Autor Lukas geht's um den vertrauensvollen Glauben eines »Ungläubigen« an die heilende Macht Jesu.

Ein römischer Hauptmann hatte einen Diener, den er sehr schätzte. Der war schwer krank und lag im Sterben. Der Hauptmann hörte von Jesus und schickte einige jüdische Älteste zu ihm. Sie sollten ihn bitten, zu kommen und seinen Diener zu retten. So gingen die Ältesten zu Jesus und baten ihn nachdrücklich: »Der Hauptmann ist es wert, dass du ihm hilfst. Denn er liebt unser Volk. Er hat uns sogar die Synagoge gebaut.« Da ging Jesus mit ihnen.
Aber als er nicht mehr weit vom Haus entfernt war, schickte der Hauptmann Freunde zu ihm. Er ließ ihm ausrichten: »Herr, bemühe dich nicht. Denn ich bin es nicht wert, dass du mein Haus betrittst. Aber sprich ein Wort, und mein Diener wird gesund. Denn auch bei mir ist es so, dass ich höheren Befehlen gehorchen muss. Und ich selbst habe Soldaten, die mir unterstehen. Wenn ich zu einem sage: ›Geh!‹, dann geht er.« Als Jesus das hörte, staunte er über ihn. Er drehte sich um und sagte zu der Volksmenge, die ihm folgte: »Das sage ich euch: Nicht einmal in Israel habe ich so einen Glauben gefunden!« Die Boten des Hauptmanns kehrten in das Haus zurück. Da sahen sie, dass der Diener gesund war.

# 76 Fallwind fällt ihm …

*… im Schlaf ein*

Warum macht uns das Schwanken und Ruckeln eines ICEs auf kurvigen Gleisen weniger Angst als dasselbe Schwanken und Ruckeln in einem Flugzeug? Ab wann auch Piloten Panik kriegen, sagen sie uns ja nie. Es sind Profis, sturmerprobte Fischer, deren Nerven gerade die Bodenhaftung verlieren.

Die Angst, trotz Bootsboden ins Bodenlose zu stürzen, ist begründet: Der See Genezareth liegt 212 Meter unter Null, drum herum Bergrücken, also gibt's tückische Fallwinde mit urplötzlich böigen Verwirbelungen bis zur Sturmstärke. Segler am Bodensee und Windsurfer am Gardasee hassen das.

Wer kann einen Sturm a) offenbar nicht voraussehen und b) dabei fest schlafen?! Ein Mensch, sagt Verfasser Lukas lapidar. Einer wie du und ich, der einfach müde genug ist und Schlaf braucht. Und wer kann brüllen »Ruhe da draußen!«, und ein Orkan wird zum Frühlingslüftchen? Nur Gott, sagt der Text. Das Zeichen der übernatürlich-übermenschlichen Macht des Menschen Jesus. Die rettet die Verängstigten zwar fürs Erste, macht aber auch ein bisschen neue Angst: Wen haben wir da im Boot, Menschenskind?

Wenn ich beruflich oder privat »Gegenwind kriege«, wenn Konkurrenten, Neider oder übel Motivierte gegen meine Pläne »Sturm laufen«, wenn ein »Shitstorm« über mir losbricht und blöde Zufälle böse Fallwinde erzeugen – wen hab ich dann mit im Boot? Nur Menschen, deren natürliche Kraftreserven irgendwann erschöpft sind? Oder auch Gott, der gnadenlose Naturgesetze außer Kraft setzen kann?

Kann, nicht muss. Wunder blieben aus, trotz des Glaubens der verzweifelt Hoffenden. Und Wunder fanden statt. Während oder wegen des Glaubens der Bittenden. Sturmgepeitschte Verängstigte haben zu Gott gebetet oder geflucht: »Ja merkst du denn nix?!« Und mittendrin gemerkt, dass sie sich darauf verlassen konnten, nicht verlassen zu sein.

Eines Tages stieg Jesus mit seinen Jüngern in ein Boot. Er sagte zu ihnen: »Wir wollen ans andere Ufer des Sees fahren.« So legten sie vom Land ab. Unterwegs schlief Jesus ein. Plötzlich wühlte ein Sturm den See auf, ein Fallwind von den Bergen. Wasser schlug in das Boot, und sie waren in großer Gefahr. Die Jünger gingen zu Jesus und weckten ihn. Sie riefen: »Meister, Meister! Wir gehen unter!« Jesus stand auf und bedrohte den Wind und die Wellen. Da hörten sie auf zu toben, und es wurde ganz still. Jesus fragte die Jünger: »Wo ist euer Glaube geblieben?« Da fürchteten sie sich und staunten zugleich. Sie fragten sich: »Wer ist er eigentlich? Er befiehlt dem Wind und den Wellen, und sie gehorchen ihm.«

# 77 Klare Position …

*… statt Posen und Postings*

»Kommt drauf an. Wie man's nimmt. Wenn man so will. Je nachdem. Ich würde anmerken wollen, nur mal angedacht, falls nicht … genau. Wie auch immer, ich bin da nicht festgelegt …« Je ungenauer Leute herumschwafeln, umso öfter sagen sie »genau«. Position beziehen statt polierte Posen posten – ein Traum!

Die Wortwolken aus unpräzisen Nullauskünften und gefallsüchtigen Unverbindlichkeiten wabern so drückend schwülwarm durch unsere Gespräche, dass einem das Klipp-und-klar-Bekenntnis des Petrus wie erfrischend eisblaue Höhenluft vorkommt: »Du bist der Christus Gottes!« Basta. Credo. Ich lege mich fest.

Was die Leute sagen, wer Jesus sei? Meine Güte, dazu gibt's zehn Regalbrettmeter Literatur: Ein androgyner Mann. Der erste Single. Im Herzen Marxist. Großer Judentum Revoluzzer. Ein sanfter Früh-Grüner. Ein armer Irrer …

Kriegen Pfarrer diesen Pudding je wieder an die Wand genagelt? Nein, schon die Jünger Jesu nicht. Denn Hand aufs Herz: Sie hatten seine Worte gehört, seine Taten gesehen, seine Anweisungen befolgt, aber – weiß man's hundertprozentig? »Der Zweifel ist des Glaubens liebstes Kind«, fand schon Goethe.

Wer sich festlegt, zum Beispiel einen Arbeitsvertrag unterschreibt oder vor dem Traualtar »Ja« sagt, geht ja das Risiko ein falschzuliegen.

Ist ein Bekenntnis kein Lippenbekenntnis, sondern ein glaubhaftes, haftet man für seinen Glauben. Weshalb Jesus nicht prominent werden will, sondern ein Leiden ankündigt, das den bekenntnisfrohen Petrus noch schwer mitbetreffen wird. Aber: Es ist für ihn und alle besser. »Ja, du bist der Christus« heißt: »Ich glaube daran, dass Gott so ist, wie du ihn uns schilderst und vorlebst. Vertrauenswürdig nämlich.« Manche können das sogar grundsätzlich sagen, bevor sie alles von ihm verstanden haben oder mit allem einverstanden sind.

Und es begab sich, als Jesus allein betete, waren seine Jünger bei ihm; und er fragte sie und sprach: »Wer, sagen die Leute, dass ich sei?« Sie antworteten und sprachen: »Sie sagen, du seiest Johannes der Täufer; andere aber, du seiest Elia; andere aber, es sei einer der alten Propheten auferstanden.« Er aber sprach zu ihnen: »Ihr aber, wer sagt ihr, dass ich sei?« Da antwortete Petrus und sprach: »Du bist der Christus Gottes!« Er aber bedrohte sie und gebot ihnen, dass sie das niemandem sagen sollten.

# 78 Der großzügige Vater …

*… und ein knatschiger Sohn*

»Es gibt Väter, die zeugen einen täglich neu. Ich schlage mich mit ihm herum, ein Leben lang«, schrieb »stern«-Reporter Niklas Frank in seinem Buch »Der Vater. Eine Abrechnung«. Er ist der Sohn von Hans Frank, dem NS-Gouverneur von Polen, dem »Schlächter von Warschau«.

Manche Menschen können nicht glauben, was Jesus hier schildert: Gott ist ein vergebender, barmherziger, gastfreier, ein sprichwörtlich »himmlischer« Vater. Weil sich ihnen ihr eigenes biografisches Vaterbild davorschiebt. Weil es Jahrzehnte dauerte, bis sie ihren Erzeuger und Erzieher überwunden hatten. Oder weil sie einen normsetzenden Gesetzgeber-Gott, den Rächer und Richter, den streng fordernden Vater-im-Himmel wollen. Oder fürchten. Oder fürchten wollen.

Die Story: Ein aufmüpfig egoistischer Sohn verprasst sein vorzeitig ausgezahltes Erbe, stürzt sozial ab, bereut sein kaputtes Leben und kehrt heim. Ein sehnsuchts- und liebevoller Vater läuft ihm entgegen (was für Patriarchen als würdelos galt), fällt ihm um den Hals und küsst ihn (womit er sich nach jüdischem Glauben verunreinigt, weil der Sohn Schweinehirt war), steckt ihm einen Ring an den Finger (was die bedingungslose Zugehörigkeit besiegelt) und will mit ihm essen und fröhlich sein (obwohl der Hallodri schon genug Familienbesitz verschleudert hat).

Manche Menschen ähneln dem braven, fleißigen, gehorsamen Sohn. Der nicht mit der Strenge, sondern mit der Luschigkeit seines himmlischen Vaters hadert. Der sich sicherer fühlen würde, wenn Gottes Barmherzigkeit Grenzen hätte. Der sich fragt, wofür er tadellos gradlinig lebte, wenn auch Versager begnadigt werden. Manche erhoffen sich eine heilere Gottesbeziehung, wenn sie erst mal mit ihrem irdischen Vater »ins Reine gekommen« sind. Nichts dagegen, aber mit Verlaub: Das kann dauern. Vielleicht wird ja umgekehrt ein Schuh draus?

Und der Sohn machte sich auf. Als er aber noch weit entfernt war, sah ihn sein Vater, und er lief und fiel ihm um den Hals und küsste ihn. Der Sohn aber sprach: »Vater, ich habe gesündigt; ich bin nicht mehr wert, dass ich dein Sohn heiße.« Aber der Vater sprach zu seinen Knechten: »Bringt schnell das beste Gewand her und gebt ihm einen Ring an seine Hand und bringt das gemästete Kalb und schlachtet's; lasst uns fröhlich sein! Denn dieser mein Sohn war tot und ist wieder lebendig geworden; er war verloren und ist gefunden worden.«
Als der ältere Sohn vom Feld kam, hörte er Singen und Tanzen. Er fragte einen Knecht, was das wäre. Der sagte: »Dein Bruder ist gekommen, und dein Vater hat das gemästete Kalb geschlachtet.« Da wurde er zornig. Er sprach zu seinem Vater: »Siehe, so viele Jahre diene ich dir, und du hast mir nie einen Bock gegeben, dass ich mit meinen Freunden fröhlich wäre. Nun aber, da dieser dein Sohn gekommen ist, der dein Hab und Gut mit Huren verprasst hat, hast du ihm das gemästete Kalb geschlachtet.« Er aber sprach zu ihm: »Mein Sohn, alles, was mein ist, ist dein. Du solltest aber fröhlich sein; denn dieser dein Bruder war verloren und ist wiedergefunden.«

# 79 Gauner wird Gönner …

*… zum Glück für alle*

Steuereinnahmen schätzen ist heikel, für Investitionen der öffentlichen Hand aber unerlässlich. Das kaiserliche Finanzamt privatisierte deshalb die Steuerveranschlagung an lokale Inkasso-Unternehmer, die jährlich feste Sockelbeträge nach Rom überwiesen. Und fette Provisionen on top kassierten.

So einer ist Zachäus. Unbeliebt bis dorthinaus. Finanziell ein Riese, sozial ein Zwerg. Man schließt die Reihen und dreht ihm den Rücken zu, sobald er auftaucht.

Er will aber den sehen, der alles hat, was Zachäus nicht hat: Ausstrahlung, Format, Autorität, Harmonie, Weisheit, Liebe. Kann man alles nicht kaufen. Blöd, ja.

Ausgegrenzt werden bringt einen auf die Palme. In diesem Fall auf einen Maulbeerbaum, aus der Familie der Feigenbäume. Feigenblätter halten sich Adam und Eva auf alten Gemälden vor die Genitalien, Zachäus hält sie sich vor die empfindlichste Stelle seiner Seele: die Sehnsucht nach Anerkennung und Gemeinschaft. Dafür macht er sich hier zum Affen.

Wo er langgeht, bewegen sich die Gardinen. Wo er jetzt rumhängt, sieht Jesus ihm in die Augen: »Komm runter« von Statussymbolen und Verstiegenheiten.

Du kannst stehen! Hinstehen, einstehen, geradestehen … »Ich trau dir zu, ein guter Gastgeber für 13 Leute zu sein.« Huch, Anerkennung und Gemeinschaft?

Es geht zu Tisch, und während draußen: »Jesus feiert mit der korrupten Sau?!«, gerufen wird, traut Zacharine in der Küche ihren Ohren nicht: 50 Prozent Vermögen werden sofort weggespendet und Betrugsprofite vierfach erstattet? Sind wir ab morgen arm? Nein, »heil«, sagt Jesus. Nicht mehr verloren in Gier und Geiz, sondern glücklich, menschlich reich und zugehörig zur Familie Gottes. Das »heilt« die Beziehungen zu den Betrogenen und Bedürftigen obendrein.

Und Jesus ging nach Jericho hinein und zog hindurch. Und siehe, da war ein Mann mit Namen Zachäus, der war ein Oberer der Zöllner und war reich. Und er begehrte, Jesus zu sehen, wer er wäre, und konnte es nicht wegen der Menge; denn er war klein von Gestalt. Und er lief voraus und stieg auf einen Maulbeerfeigenbaum, um ihn zu sehen; denn dort sollte er durchkommen. Und als Jesus an die Stelle kam, sah er auf und sprach zu ihm: »Zachäus, steig eilend herunter; denn ich muss heute in deinem Haus einkehren.« Und er stieg eilend herunter und nahm ihn auf mit Freuden. Da sie das sahen, murrten sie alle und sprachen: »Bei einem Sünder ist er eingekehrt.« Zachäus aber trat herzu und sprach zu dem Herrn: »Siehe, Herr, die Hälfte von meinem Besitz gebe ich den Armen, und wenn ich jemanden betrogen habe, so gebe ich es vierfach zurück.« Jesus aber sprach zu ihm: »Heute ist diesem Hause Heil widerfahren, denn auch er ist ein Sohn Abrahams. Denn der Menschensohn ist gekommen, zu suchen und selig zu machen, was verloren ist.«

# 80 Parade der Peinlichkeiten

*Jeder Wein war mal Wasser*

Ab dem 40. Geburtstag stellt sich das Problem bei *jedem* »runden«: Wen laden wir ein, wen müssen wir einladen und wen bestimmt *nicht*? Noch heikler: Die Gästeliste einer Hochzeit, wenn Menü und Getränke teuer sind.

Wessen Hochzeit da gefeiert wird und warum Maria, Jesus und immerhin zwölf Jünger eingeladen wurden, verrät uns der Text nicht. Stattdessen erzählt er zwei sich steigernde Peinlichkeiten: Der Wein geht aus, Maria sagt es ihrem Sohn (als wäre *er* der Verantwortliche), und Jesus blafft sie an: »Was willst du von mir?« Damit dürfte die Stimmung im Keller sein.

Warum Maria nicht beleidigt aufsteht und geht, warum die Kellner tun, was Jesus ihnen befiehlt, und wie die berühmte Wandlung von Wasser in Wein dann genau geschieht, verrät uns der Erzähler Johannes auch nicht. Aber dass sechs Krüge zur Einhaltung der jüdischen Reinheitsgebote dastanden und in jeden rund 100 Liter passen.

600 Liter?! Und die sind Premiumklasse! »Wieso serviert ihr den erst jetzt!?«, staunt der Sommelier.

Man kann diese Szene als Beleg dafür nehmen, dass Jesus genussfähig, sinnenfroh und außerdem sogar trinkfest gewesen sei. Man kann sie als Beweis der eruptiven Abnabelung eines jungen Mannes von der fürsorglichen Bevormundung seiner Mutter lesen. Oder den Text als symbolische Bildsprache werten, dass die großen alten Glaubensgefäße der rituellen Reinheit qualitativ hochwertiger gefüllt werden mit dem »Wein der neuen Werte«, die Jesus selbst verkörpert.

Oder steckt hierin – viel einfacher – ein seelsorglicher Hinweis? Manchmal helfen einem sogar etwas schräge Gäste aus der Patsche. Die relativ Unberechenbaren. Mit denen wir kein »blaues Wunder« erleben, sondern ein wunderbar »weinrotes Zeichen« der Lebensfreude und Großzügigkeit.

In Kana in Galiläa fand eine Hochzeit statt. Auch die Mutter von Jesus nahm daran teil. Jesus und seine Jünger waren ebenfalls zur Hochzeitsfeier eingeladen. Während des Festes ging der Wein aus. Da sagte die Mutter von Jesus zu ihm: »Sie haben keinen Wein mehr!« Jesus antwortete: »Was willst du von mir, Frau? Meine Stunde ist noch nicht gekommen.« Doch seine Mutter sagte zu den Dienern: »Tut alles, was er euch sagt!«

Es gab dort sechs große Wasserkrüge aus Stein. Die Juden benötigten sie, um sich zu reinigen. Jeder Krug fasste etwa 100 Liter. Jesus sagte zu den Dienern: »Füllt die Krüge mit Wasser.« Die füllten sie bis zum Rand. Dann sagte er zu ihnen: »Schöpft jetzt etwas heraus und bringt es dem, der für das Festessen verantwortlich ist.« Sie brachten es ihm.

Als der Mann einen Schluck davon trank, war das Wasser zu Wein geworden. Er wusste natürlich nicht, woher der Wein kam. Aber die Diener, die das Wasser geschöpft hatten, wussten Bescheid. Da rief er den Bräutigam zu sich und sagte zu ihm: »Jeder andere schenkt zuerst den guten Wein aus. Und wenn die Gäste dann betrunken sind, folgt der weniger gute. Du hast den guten Wein bis jetzt zurückgehalten.«

# 81 Sich ändern?

*Niemand hat sich selbst geboren*

Wenn eine prominente Schauspielerin ihre Frisur und Garderobe ändert, jubeln die Boulevardmedien, sie habe sich »völlig neu erfunden«. Was mindestens so dämlich ist wie: »Ich habe mich geboren.« Hat niemand. Jeder »wird geboren«, passiv. Das ist entscheidend, als »nachts« ein hochrangiger Religionsführer Jesus besucht (will er nicht gesehen werden?) und seine freundliche Begrüßung (oder ist das schon ein halbes Glaubensbekenntnis?) von Jesus schroff unterbrochen wird: »Neu geboren werden aus Wasser und Geist!« Paff.

Ach du liebe Güte. In manchen US-Bundesstaaten bezeichnen sich über 50 Prozent der Leute als »born again«, aber Scheidungen und Morde sind so häufig wie überall. Jeder Alkoholiker weiß, dass er kein »neuer Mensch«, sondern bestenfalls abstinent werden kann. Wer die Welt verändern will, sollte mit dem »Man in the Mirror« anfangen, da hatte Michael Jackson schon recht. Aber keiner kriecht zweimal aus demselben Geburtskanal. Stimmt doch. Doch die »Neuschöpfung« geschieht ja nicht, weil ein Mensch es besonders doll will. Sondern weil der Frühlingswind übers Land weht, wie er will, und plötzlich bringen Samen Früchte hervor – es entsteht etwas Neues.

Warum? Weil »Gott die Welt so sehr geliebt hat, dass er seinen Wesensgleichen, sagen wir ›Sohn‹, in diese Welt hinein und dahingab«. Jetzt verschluckt sich Nikodemus am Wein. Es fällt uns doch leichter, selber Verzicht zu leisten und Opfer zu bringen, als ein Übermaß an unverdienter Liebe anzunehmen, oder? »Wie neugeboren« ist also jemand, der darauf vertraut, sich mit Wasser taufen und von Gottes Geist leiten lässt und weder sich noch andere verloren gibt?!

Yep, sagt Jesus, »es geht Gott nämlich nicht ums Richten, sondern ums Retten«. Kein Wunder, dass Nikodemus später bei der Grablegung als Jünger Jesu dabei war (Johannes 19,39).

Nikodemus, ein Pharisäer, war einer der führenden Männer des jüdischen Volkes. Eines Nachts ging er zu Jesus: »Rabbi, wir wissen: Du bist ein Lehrer, den Gott geschickt hat. Keiner kann Zeichen tun, wie du sie vollbringst, wenn Gott nicht mit ihm ist.« Jesus antwortete: »Amen, amen, das sage ich dir: Nur wenn jemand von oben her neu geboren wird, kann er das Reich Gottes sehen.« Darauf sagte Nikodemus: »Wie kann ein Mensch geboren werden, der schon alt ist? Man kann doch nicht in den Mutterleib zurück und ein zweites Mal geboren werden!« Jesus antwortete: »Amen, amen, das sage ich dir: Nur wenn jemand aus Wasser und Geist geboren wird, kann er in das Reich Gottes hineinkommen. Wundere dich also nicht, dass ich dir gesagt habe: ›Ihr müsst von oben her neu geboren werden.‹ Auch beim Wind ist es so: Er weht, wo er will. Du hörst sein Rauschen. Aber du weißt nicht, woher er kommt und wohin er geht. Genauso ist es mit jedem, der vom Geist geboren wird. So sehr hat Gott diese Welt geliebt: Er hat seinen einzigen Sohn hergegeben, damit keiner verloren geht, der an ihn glaubt. Sondern damit er das ewige Leben erhält. Gott hat den Sohn in diese Welt gesandt, damit er sie rettet.«

# 82__Stilles Wasser oder lebendiges?

*Woher kommt Beziehungsenergie?*

Warum gibt es so viele Singles? Bindungsangst? Entscheidungsschwäche? Schlechte Ehe-Vorbilder? Weil sie vom Dorftratsch weder bemitleidet noch kommentiert werden möchte, geht die Singlefrau in der Mittagshitze zum Dorfbrunnen, wenn die andern Siesta machen. Blöd nur: Da sitzt ein Fremder und spricht sie prompt an! Er hat Durst nach Trinkwasser.

Sie hat Durst nach einer tragfähigen Beziehung. Er hat kein Schöpfgefäß für den Brunnen. Sie hat kein Vertrauen mehr in Männer. Jesus brennt die Kehle. Der Singlefrau brennt die Seele. Aber wer gibt das schon gerne zu. Sie reagiert erst mal patzig. Damals durfte ein jüdischer Mann keine samaritanische Frau ansprechen, heute dürfen weder Männer noch Frauen den inneren Kampf zwischen Sehnsucht und Misstrauen zugeben. Was will der/die von mir? Wer braucht hier wen?

Freundschaften und Ehen, die immer nur so gut sind wie unsere Tugenden und Toleranzen, die kennen wir. Aber Beziehungen, die nicht an den Grenzen menschlicher Fähigkeiten enden? Die ihren Halt nicht nur im »passenden« Gegenüber haben? Ja, gibt es, sagt Jesus: Ein Leben, das von einer »göttlichen« Liebe gespeist wird und das Qualitätsprädikat »ewig« verdient.

»Rufe deinen Mann her!« Aua. Sie hatte fünf, und ihr derzeitiger Freund ist verheiratet. »Geh und hole deine Vergangenheit«, sagen Therapeuten manchmal, wenn etliche Untote die Seele durchwandern und Zombies aus dem seelischen Kanaldeckel klettern. Michael Jackson hatte da schon recht mit seinem »Thriller«-Video. Jesus sagt nicht weniger als: Gott, der die Gebote erlassen hat, verhält sich barmherzig, gnädig und vergebend gegenüber einer Frau, die genau das schon mehrmals tat! »Du bist ein Prophet«, staunt sie. Jemand, der von außen Feedback gibt, aber von innen therapeutisch zu ihr steht.

Unterwegs kam Jesus nach Sychar, einem Ort in Samarien. Dort befand sich der Jakobsbrunnen. Es war um die sechste Stunde. Da kam eine Samariterin, um Wasser zu schöpfen. Jesus bat sie: »Gib mir etwas zu trinken.« Da sagte sie zu ihm: »Du bist ein Jude, und ich bin eine Samariterin. Wie kannst du mich um etwas zu trinken bitten?« Jesus antwortete: »Wenn du wüsstest, wer dich hier bittet, dann würdest du ihn bitten, und er würde dir lebendiges Wasser geben!« Die Frau erwiderte: »Herr, du hast nichts, um Wasser zu schöpfen. Woher hast du denn dieses lebendige Wasser?« Jesus antwortete: »Wer von diesem Wasser hier trinkt, wird wieder Durst bekommen. Aber wer von dem Wasser trinkt, das ich ihm gebe, wird nie wieder Durst haben. Denn das Wasser wird in ihm zu einer Quelle werden: Ihr Wasser fließt und fließt – bis ins ewige Leben.« Da bat ihn die Frau: »Herr, gib mir dieses Wasser!« Jesus sagte: »Geh, ruf deinen Mann!« Da antwortete die Frau: »Ich habe keinen Mann.« Jesus sagte zu ihr: »Das stimmt. Denn fünfmal warst du verheiratet, und der, mit dem du jetzt zusammen bist, ist nicht dein Mann.« Da sagte die Frau: »Herr, ich sehe: Du bist ein Prophet!«

# 83_Der Tod lässt mit sich reden

*Das Gegenteil von unerbittlich*

Talkgäste, die ein Nahtod-Erlebnis erzählen können, bringen hohe Einschaltquoten. Weil wir alle gern wüssten, wie es »drüben« aussieht. Aber: »Nah-Tod-Berichte« heißen so, weil keiner vollständig tot war, der davon erzählt. Und während manche noch hoffen, Lazarus gehe es bald besser, sagt Jesus: Nee, er ist mausetot. Schon seit vier Tagen. Die grausame Unerbittlichkeit des Todes. Die verzweifelte Hoffnung der Trauernden: Ein Wunder möge das tragisch Geschehene ungeschehen machen, und zwar nicht erst am Sankt-Nimmerleins-Tag, sondern bitte jetzt!

Rund 40 Wunder werden in der Bibel von Jesus erzählt. Dies ist das unglaublichste. Ja, es gibt medizinisch Unerklärliches. Ja, die Natur macht manchmal Ausnahmen. »Lahme gehen, Blinde sehen« – aber einen Toten auferwecken? »Quatsch«, sagt sich hier besonders leicht, weil man Wunder halt nicht beweisen kann. Wasserdicht widerlegen aber auch nicht.

Die tiefgläubige Marta *traut es Jesus zu,* ihren Bruder aufzuerwecken. Schön. Aber warum hat er ihn dann nicht von vornherein gesund gemacht? Jesus ist mit Lazarus und dessen zwei Schwestern, Marta und Maria, eng befreundet. Gleich zwei Mal wird er von Weinen und Wut gepackt – »ergrimmte er im Geist und erbebte«, »es gingen ihm die Augen über«. Er ist das Gegenteil von unerbittlich. Sein mitbetroffenes, sehr menschliches Mit-Trauern ist die Kontrastschärfe zu der »Göttlichkeit«, die Marta in ihm erkennt.

Nur er ist so übernatürlich mächtig, dass der Tod mit sich reden lässt. So wie Jesus in handfesten Alltags-Gleichnissen von der unfassbaren Welt Gottes im Jenseits erzählt, so handelt er in unfassbaren Wundern von der handfesten Gegenwart Gottes im diesseitigen Alltag. Beide symbolisieren das Gleiche: »Wer an mich glaubt, wird leben, auch wenn er stirbt.«

Da kam Jesus und fand Lazarus schon vier Tage im Grabe liegen. Als Marta hörte, dass Jesus kommt, ging sie ihm entgegen: »Herr, wärst du hier gewesen, mein Bruder wäre nicht gestorben.« Jesus spricht zu ihr: »Dein Bruder wird auferstehen. Ich bin die Auferstehung und das Leben. Wer an mich glaubt, der wird leben, ob er gleich stürbe; und wer da lebt und glaubt an mich, der wird nimmermehr sterben. Glaubst du das?« Sie spricht zu ihm: »Ja, Herr.«

Als nun Maria zu Jesus kam, fiel sie ihm zu Füßen und sprach: »Herr, wärst du hier gewesen, mein Bruder wäre nicht gestorben.« Als Jesus sah, wie sie weinte, ergrimmte er im Geist und erbebte. Und Jesus gingen die Augen über. Einige aber sprachen: »Er hat dem Blinden die Augen aufgetan; konnte er nicht auch machen, dass dieser nicht sterben musste?« Da ergrimmte Jesus abermals und kommt zur Grabhöhle. Ein Stein lag davor. Jesus spricht: »Hebt den Stein weg!«

Jesus aber hob seine Augen auf und sprach: »Vater, ich danke dir, dass du mich erhört hast. Um des Volkes willen sagte ich's, damit sie glauben, dass du mich gesandt hast.« Als er das gesagt hatte, rief er laut: »Lazarus, komm heraus!« Und der Verstorbene kam heraus.

# 84 Was esst und trinkt ihr da?!

*Das Abendmahl*

Der Kannibalismusverdacht blieb jahrhundertelang an ihnen hängen. Wenn unter römischen Kaisern Tausende Christen vor johlendem Publikum von Löwen zerrissen oder von Stieren totgetrampelt wurden, lag es oft am – missverstandenen – Abendmahl.

Dabei fing für die Jünger das Passafest zunächst so an wie immer: Zur Erinnerung daran, dass der kindermordende Racheengel in Ägypten an all jenen Türen vorbeigegangen war, die mit dem Blut eines Lammes bestrichen waren (2. Mose/Exodus 12,13), feiern Juden – bis heute übrigens – das »Passafest«. Zum (Seder-)Abendessen vorher gibt's Lammfleisch, hefeloses Brot und über jedem Glas Wein einen Spruch. Aber als Jesus sagt: »das ist *mein* Leib« und: »*mein* Blut«, fällt den Jüngern die Kinnlade runter. Moment mal: Dann ist *Jesus* das Opferlamm? Und der Aufbruch aus der Sklaverei in die Freiheit findet *in uns* statt? Und das Gelobte Land ist *überall,* wo Gottes Wille Wirklichkeit wird?!

Das ist Christinnen und Christen aller Konfessionen bis heute heilig: Mit Brot und Wein nehmen sie Christus »in sich auf«, bekennen sich zur Gültigkeit *seines* Blutes als »Vorbeigang« *ihres* Todes und bekräftigen ihre Gemeinschaft als »seine« Körperteile auf Erden. Das jüdische »Vorbeigangs-Fest« als christliches Versöhnungs- und Gemeinschaftsfest.

Ob Brot und Wein nur symbolisch Leib und Blut Jesu »bedeuten« oder es nicht materiell, aber substanziell tatsächlich »sind«; was genau sich beim Klingelzeichen der Heiligen Messe »wandelt« – das ist strittig zwischen Reformierten, Lutheranern, Katholiken und Orthodoxen.

Unstrittig dagegen, dass Christus in diesen Zeichen »realpräsent« anwesend ist. Das glauben alle und sollten alle glauben, die daran teilnehmen. Sonst wär's ja nur das Nachspielen einer historischen Situation, und »hoc est corpus meus« (»das ist mein Leib«) würde als »Hokuspokus« missverstanden.

Beim Essen nahm Jesus ein Brot. Er lobte Gott und dankte ihm dafür. Dann brach er das Brot in Stücke und gab es seinen Jüngern. Er sagte: »Nehmt, das ist mein Leib.« Dann nahm er den Becher. Er dankte Gott und gab ihn seinen Jüngern. Sie alle tranken daraus. Jesus sagte zu ihnen: »Das ist mein Blut. Es steht für den Bund, den Gott mit den Menschen schließt. Mein Blut wird für die vielen vergossen werden. Amen, das sage ich euch: Ich werde nun keinen Wein mehr trinken – bis zu dem Tag, an dem ich von Neuem davon trinken werde. Das wird geschehen, wenn Gott sein Reich vollendet hat.«

# 85 Todmüde?

*Wachsame Einwilligung*

Was haben Lkw-Fahrer eigentlich genommen, bevor es Energydrinks gab? Hallo-Wach-Tabletten, aufputschende Amphetamine?

Gegen das »Todmüdesein« vor Erschöpfung – oder ist es Schlaf als Verdrängung? – hilft Angst. So makaber das klingt. Es sind Killer unterwegs, um ihn festzunehmen, und Jesus hat eine Panikattacke. Aber seine Gefährten nicken weg. Sie achten nicht drauf, können nicht miterleiden, was Jesus gerade durchmacht.

Noch grässlicher als ein überraschendes Trauma ist doch, wenn du genau weißt, was dir bevorsteht: Die Tutsi in Ruanda im April 1994, eingesperrt in eine Kirche, bevor die Hutu-Schlächter sie mit Macheten zerhackten. Die jesidischen Mädchen in Mossul/Irak im August 2014, bevor die IS-Vergewaltiger sie in ihren Kasernen herumreichten.

Sprichwörtlich »Blut und Wasser schwitzen« – so der Paralleltext in Lukas 22,44 – beschreibt den nur allzu verständlichen Wunsch, der Horror-Kelch möge an mir vorübergehen«. Was ebenfalls sprichwörtlich wurde. Die erschütternde Szene widerspricht der Vorstellung, Jesus sei opfereitel und sehenden Auges in einen selbst inszenierten Märtyrertod geschritten. Nein, wie jeder Mensch hing er am Leben, aber – erstaunlich – er redet in schlimmster Todesangst Gott als »liebevollen Vater« an und bittet darum, dass »nicht, was ich will, sondern was du willst« geschehen soll.

Solche gottergebene Einwilligung sieht nur aus wie Resignation, ist aber das Gegenteil davon. Hospizhelfer erleben das bei manchen Sterbenden: kein panisches Aufbäumen, keine angstgetriebene Lebensmüdigkeit mehr, sondern ein achtsames, wachsames Gespräch mit jenem »himmlisch« guten Vater, in dessen Händen das Lebensende besser aufgehoben ist als in den eigenen. Erzähler Markus konnte ja nicht ahnen, dass sein Text auch noch das dritte Sprichwort liefern würde: »Der Geist ist willig, aber das Fleisch ist schwach.«

Und sie kamen zu einem Garten mit Namen Gethsemane. Und er sprach zu seinen Jüngern: »Setzt euch hierher, bis ich gebetet habe.« Und er nahm mit sich Petrus und Jakobus und Johannes und fing an zu zittern und zu zagen und sprach zu ihnen: »Meine Seele ist betrübt bis an den Tod; bleibt hier und wachet!«

Und er ging ein wenig weiter, fiel nieder auf die Erde und betete, dass, wenn es möglich wäre, die Stunde an ihm vorüberginge, und sprach: »Abba, Vater, alles ist dir möglich; nimm diesen Kelch von mir; doch nicht, was ich will, sondern was du willst!« Und er kam und fand sie schlafend und sprach zu Petrus: »Simon, schläfst du? Vermochtest du nicht eine Stunde zu wachen? Wachet und betet, dass ihr nicht in Versuchung fallt! Der Geist ist willig; aber das Fleisch ist schwach.«

# 86 Ein Kuss, ein Schlag, ein Flitzer

*Nützt alles nix*

In fast allen seinen Filmen wird James Bond irgendwann von einer Frau geküsst, die ihn ans Messer liefern will. Durchtrieben, intrigant, niederträchtig. Der »Judaskuss« ist dermaßen emblematisch geworden, dass man sogar die Bussi-Begrüßung zwischen Sowjet-Chef Gorbatschow und Erich Honecker am 9. Oktober 1989 als »Todeskuss« interpretierte: Der Reformer aus Moskau ließ die reformunfähige DDR fallen.

Wenn in einer Firma das Betriebsklima im Keller ist und das Mobbing durch die Decke geht, kann überschwängliches Lob vom Chef solch ein Judaskuss sein. Da möchte man dreinschlagen vor Wut, klar. Macht einer der Jünger ja auch, trifft aber nicht. Weil draufhauen die Sache selbst, um die es geht, nie wirklich trifft. Weil Ausrasten kein Problem löst. In der Politik nicht, in der Firma nicht und in der Familie schon gar nicht. Als Befreiungsschlag ist der Daneben-Hieb genauso lächerlich wie die Hochrüstung der angeheuerten Priesterschergen. Die skandalös widerrechtliche Verhaftung eines Unschuldigen nimmt ihren Lauf – und die Freunde Jesu kriegen das Laufen. Einer sogar nackt. Es gibt Gründe, anzunehmen, dieser erste Flitzer der Geschichte sei Markus selbst, der Autor des Textes. Er wird später noch mal davonlaufen (Apostelgeschichte 13,13 und 15,37–38).

Der einzige echt Verwundete dieser Rangelei, Waffenträger »Malchus« (Johannes 18,10), dessen abgetrenntes Ohr Jesus heilt (Lukas 22,51), das ereignet sich im übertragenen Sinn bis heute: Wenn Menschen – mit blitzblanken Argumenten bewaffnet – wissen wollen, wer Jesus ist, wo er ist und ob man ihn im Alltag dingfest machen kann. Und wenn ihnen dann militante Jesus-Verteidiger im rhetorischen Kampfgetümmel so lange ein Ohr abkauen, bis sie für alles Religiöse taub sind. Jesus heilt den, der von den Jüngern verletzt ist.

Und alsbald, während er noch redete, kam herzu Judas, einer von den Zwölfen, und mit ihm eine Schar mit Schwertern und mit Stangen, von den Hohenpriestern und Schriftgelehrten und Ältesten. Und der Verräter hatte ihnen ein Zeichen genannt und gesagt: »Welchen ich küssen werde, der ist's; den ergreift und führt ihn sicher ab.« Und als er kam, trat er alsbald zu ihm und sprach: »Rabbi!«, und küsste ihn. Die aber legten Hand an ihn und ergriffen ihn. Einer aber von denen, die dabeistanden, zog sein Schwert und schlug nach dem Knecht des Hohenpriesters und hieb ihm ein Ohr ab. Und Jesus antwortete und sprach zu ihnen: »Seid ihr ausgezogen wie gegen einen Räuber mit Schwertern und mit Stangen, mich gefangen zu nehmen? Ich bin täglich bei euch im Tempel gewesen und habe gelehrt, und ihr habt mich nicht ergriffen. Aber so muss die Schrift erfüllt werden.« Da verließen ihn alle und flohen.
Und ein junger Mann folgte ihm nach, der war mit einem Leinengewand bekleidet auf der bloßen Haut; und sie griffen nach ihm.

# 87_Gesichtserkennung undigital

*Wer drei Mal lügt, dem …*

Obwohl es Überwachungskameras mit digitaler Gesichtserkennung gibt, gehen »Tatort«-Kommissare oft noch mit Papierfotos herum: »Kennen Sie diesen Mann?« Wenn die Befragten nicht wissen, um was es geht, antworten sie erst mal vorsichtig. Wer will schon zum Bekanntenkreis eines Verdächtigen gehören?

Petrus auch nicht. Der Tratsch unter Türstehern in Hinterhöfen am offenen Feuer eskaliert ja leicht zu einem Satz heiße Ohren, also sagt er: »Nö!«. Als Mitglied einer Community identifiziert zu werden, die – versteckt oder ausgesprochen – unbeliebt ist, der man misstraut, die vorurteilsbehaftet ist? Nie gut. Kinder aus religiösen Sekten, Bewerberinnen mit türkischen Namen, Flüchtlinge im Kaftan und Antragsteller mit schwarzer Hautfarbe kennen das. »Ich seh zwar so aus, aber ich bin nicht, was ihr denkt«, müssten die Ausgegrenzten dauernd sagen. Petrus sagt das. Und – verrät sich damit umso mehr: Er spricht denselben galiläischen Dialekt wie Jesus. »Wat weeß'n ick? Nüscht!« oder »Wos wos i, wos sie woin?« ist halt hörbar Berlin oder München.

Und da passiert's: Drinnen wird Jesus gerade bespuckt und zusammengeschlagen, und draußen verleugnet Petrus seine jahrelange enge Freundschaft mit ihm! Ab der dritten bedrohlichen Nachfrage sogar mit Flüchen und Schwüren. Widerlich. Unterirdisch. Ekelhaft. Das dreimalige »Kikeriki« eines Gockels irgendwo hört sich an wie: »Du mieser, mieser Feigling«, und ist ein kulturelles Logo geworden für den Ruf zu Reue und Umkehr – auf der Turmspitze vieler evangelischer Kirchen.

Petrus weint über sich selbst. Was ich reifer, »erwachsener« finde, als wenn sich ein verlogener Versager mit moralfreier Wortakrobatik selbst rechtfertigen will. Petrus ahnt ja nicht, dass er Jesus schon bald wieder begegnen wird …

Petrus war noch immer unten im Hof. Da kam ein Dienstmädchen des Hohepriesters dazu. Sie sah Petrus, der sich am Feuer wärmte, und betrachtete ihn genauer. Dann sagte sie: »Du warst doch auch mit diesem Jesus aus Nazareth zusammen!« Petrus stritt das ab und sagte: »Ich habe keine Ahnung, wovon du da sprichst.« Und er ging hinaus in den Vorhof des Palastes. In dem Moment krähte der Hahn.

Als ihn das Dienstmädchen dort wieder sah, fing sie noch einmal damit an. Sie sagte zu denen, die dabeistanden: »Der gehört auch zu denen.« Aber Petrus stritt es wieder ab. Kurz darauf sagten dann auch die anderen, die dabei waren, zu Petrus: »Natürlich gehörst du zu denen! Du bist doch auch aus Galiläa.« Da fing Petrus an zu fluchen und schwor: »Gott soll mich strafen, wenn ich lüge! Ich kenne diesen Menschen nicht, von dem ihr redet.«

Im selben Moment krähte der Hahn zum zweiten Mal. Da erinnerte sich Petrus an das, was Jesus zu ihm gesagt hatte: »Noch bevor der Hahn zweimal kräht, wirst du dreimal abstreiten, mich zu kennen.« Und er fing an zu weinen.

# 88 Richter ratlos

*Macht doch, was ihr wollt!*

Wenn Gerichtsurteile je nach Gebrüll des Pöbels entschieden werden, nennt man das Lynchjustiz. Der Vorwurf, Jesus habe den »Christus«-Titel anmaßend beansprucht, reicht nicht für eine Anklage. Verwaltungsjurist Pontius Pilatus weiß das. Wie also wird er diesen lästigen Fall los? Er schlägt eine Amnestie vor: Das Volk wird doch lieber einen ungefährlichen Spinner laufen lassen als einen Mörder! Wenn er Jesus verurteilt, beugt er römisches Recht. Lässt er ihn frei, gibt's hier gleich Randale.

»Wir haben in Judäa nur 2.500 Legionäre stehen. Keinen Aufstand riskieren, hörst du? Steuern kassiert man nur von lebenden Untertanen.

Also: Weiche Linie fahren, junger Statthalter!« Mit dieser Order des Kaisers Tiberius war Pilatus 25 vor Christus hier angetreten. Prügeln seine Wachleute jetzt den Mob auseinander, kommt so was in Rom ganz schlecht an. Seine Frau schickt ihm ein Tontäfelchen: »Lass ihn frei, ich hatte einen Alptraum, du hättest ihn verurteilt.« Ja, danke schön!

Es ist zum Verzweifeln: Die Leute wollen einen Verbrecher freilassen und auch noch Blut sehen. Pilatus fragt nach Beweisen für irgendwas »Böses«, kriegt keine Antwort und knickt ein: »Ich, also ich wasche meine Hände in Unschuld.« Bis heute sprichwörtlich. Weil unsere Umgangssprache weiß: So billig stiehlt man sich nicht aus der Verantwortung. Unschuldig vergossenes Blut kriegt man nicht mit Wasser von den Händen. Pilatus geht als jämmerlich feiger Richter in die Weltgeschichte ein. Die Ehe geht auseinander (Kirchenvater Origenes meint, weil Procula Christin wurde), und als Pilatus 37 nach Christus nach Rom zurückkehrt, macht er keine Karriere als Elder Statesman im Senat, sondern wird ins kälteste Eck des Reiches abgeschoben: Als Statthalter von »Helvetien« nach Luzern. Was direkt in den Suizid führte – auf dem Berg »Pilatus« natürlich …

Zum Fest aber hatte der Statthalter die Gewohnheit, dem Volk einen Gefangenen loszugeben. Sie hatten zu der Zeit einen berüchtigten Gefangenen, der hieß Jesus Barabbas. Und als sie versammelt waren, sprach Pilatus zu ihnen: »Welchen wollt ihr? Jesus Barabbas oder Jesus, von dem gesagt wird, er sei der Christus?« Denn er wusste, dass sie ihn aus Neid überantwortet hatten. Und als er auf dem Richterstuhl saß, schickte seine Frau zu ihm: »Habe du nichts zu schaffen mit diesem Gerechten; denn ich habe heute viel erlitten im Traum um seinetwillen.«
Da sprach nun der Statthalter zum Volk: »Wen von den beiden soll ich euch losgeben?« Sie sprachen: »Barabbas!« Pilatus sprach zu ihnen: »Was soll ich dann machen mit Jesus?« Sie sprachen alle: »Lass ihn kreuzigen!« Er aber sagte: »Was hat er denn Böses getan?« Sie schrien aber noch mehr: »Lass ihn kreuzigen!« Da aber Pilatus sah, dass er nichts ausrichtete, nahm er Wasser und wusch sich die Hände vor dem Volk und sprach: »Ich bin unschuldig am Blut dieses Menschen; seht ihr zu!« Er gab Barabbas los, aber Jesus ließ er geißeln und überantwortete ihn, dass er gekreuzigt werde.

# 89 Monströse Mitleidslosigkeit

*Wozu Menschen fähig sind*

Wer ist, wer wäre der abscheulichste, der widerlichste Mensch, den Sie aus vollem Herzen verachten? Produzenten von Kinderpornos? Serienmörder, Vergewaltiger, Drogenbosse, Folterdiktatoren? Hitler, Stalin, Baschar al-Assad?

Woher der Hass, die Verachtung, der rachsüchtige Spott gegen Jesus? Keinem der Anwesenden hat er auch nur ein Haar gekrümmt, niemand ist durch ihn zu Schaden gekommen. Das Exekutionskommando prügelt Jesus den halben Kilometer von Pilatus' Amtssitz zu einem schädelähnlichen Felshügel, wo drei Marterpfähle in den Bodenspalten verankert sind. Ein Zufallspassant aus Libyen muss den Querbalken schleppen, dann hämmern sie Jesus und zwei verurteilten Verbrechern Nägel durch die Handgelenke und die übereinandergelegten Füße und – richten die Kreuze auf. Ab jetzt beginnt das qualvoll langsame Sterben aus Atemnot und Blutstau. Drei Stunden lang.

Zigtausende Aufständische wurden im Römischen Reich auf solche ausgesucht grausame Art hingerichtet. Warum erschüttert uns der Tod dieses einen so besonders? Weil er unschuldig stirbt? Weil er sich mit keinem Wort wehrt? Pilatus – der von den Priestern perfide erpresste Richter – rächt sich mit dem Schild »Jesus von Nazareth, König der Juden«, um zu sagen: »So sehen eure Könige aus.« Er ahnt ja nicht, was die lateinischen Anfangsbuchstaben I.N.R.I. in hebräischer Schreibweise auch sagen können: JHWH – der »Name« Gottes, das »Ich bin hier«, das Mose am Dornbusch gehört hatte (2. Mose/Exodus 3,14).

Während Soldaten um ein paar blutverschmierte Klamotten würfeln und Intellektuelle dümmliche Witze machen, demonstriert Jesus, wo die Menschen stehen: in monströser Mitleidslosigkeit. Und wofür Gott steht: radikales Mitleiden.

Und sie führten ihn hinaus, dass sie ihn kreuzigten. Und zwangen einen, der vorüberging, Simon von Kyrene, der vom Feld kam, dass er ihm das Kreuz trage. Und sie brachten ihn zu der Stätte Golgatha, das heißt übersetzt: Schädelstätte.
Und sie kreuzigten ihn. Und sie teilten seine Kleider und warfen das Los darum, wer was bekommen sollte. Und es war die dritte Stunde, als sie ihn kreuzigten. Und es stand geschrieben, welche Schuld man ihm gab, nämlich: »Der König der Juden«. Und sie kreuzigten mit ihm zwei Räuber, einen zu seiner Rechten und einen zu seiner Linken.
Und die vorübergingen, lästerten ihn und schüttelten ihre Köpfe und sprachen: »Ha, der du den Tempel abbrichst und baust ihn auf in drei Tagen, hilf dir nun selber und steig herab vom Kreuz!« Desgleichen verspotteten ihn auch die Hohenpriester untereinander samt den Schriftgelehrten und sprachen: »Er hat andern geholfen und kann sich selber nicht helfen. Der Christus, der König von Israel, er steige nun vom Kreuz, damit wir sehen und glauben.« Und die mit ihm gekreuzigt waren, schmähten ihn auch.

# 90 Der berühmteste Todesschrei

*Paradox oder plausibel?*

Wird ein emotional aufwühlendes Ereignis 2.000 Jahre lang von Millionen Leuten nach- und weitererzählt – wie viele Versionen gibt es dann? Wenn Sie alle Gemälde, Skulpturen, Romane, Gedichte, Sachbücher, Choräle, Theaterstücke, Filme, Opern und Oratorien über die Kreuzigung Jesu – von Bachs »Matthäuspassion« über die »Passionsspiele Oberammergau« bis zu »Jesus Christ Superstar« – studieren wollen, reicht ein Leben nicht aus.

*Wie* Jesus starb, erzählen vier Evangelien nüchtern und fast deckungsgleich. *Was* seine letzten Worte waren, erinnern die Zeugen abweichend als »Es ist vollbracht« (Johannes 19,30), »Vater, in deine Hände befehle ich meinen Geist« (Lukas 23,46) oder »Mein Gott, warum hast du mich verlassen?« (Matthäus 27,46; Markus 15,34). Die Mutmaßungen, was das bedeutet, gehen schon währenddessen los, die symbolträchtigen Schrecken auch. Drei namentlich genannte Frauen »unter den vielen Frauen, die ihm nachfolgten«, sollten einer männerdominierten Kirche zu denken geben. Wo sind eigentlich die männlichen Jünger?

Auffällig, was alles nicht passiert: kein empörter Protest von Jesus-Sympathisanten. Keine Engel-Heerscharen zur Rettung in letzter Minute. Kein geisterhaftes Verschwinden des Gequälten. Nur Sterben. Banal final. Und wo ist Gott? Warum antwortet er seinem Gesandten nicht, der gerade alles erleidet, was Prophet Jesaja voraussah (Jesaja 52–53)? Die Antworten darauf sind so zahllos wie die Kunstwerke darüber. Die radikalste wäre paradox plausibel: Gott ist in ihm am Kreuz. Gott ist mit dem Leidenden. Kein Sterbender ist »gottverlassen«. Kapiert hat das nur ein »heidnischer« römischer Militär.

Wo war Gott im Holocaust? In den Baracken von Auschwitz. Wo war er am 11. September 2001? In den beiden Flugzeugen und in den Hochhausbüros. Undenkbar. Aber nicht unglaubwürdig.

Und zur sechsten Stunde kam eine Finsternis über das ganze Land bis zur neunten Stunde. Und zu der neunten Stunde rief Jesus laut: »Eli, Eli, lama asabtani?« Das heißt übersetzt: »Mein Gott, mein Gott, warum hast du mich verlassen?« Und einige, die dabeistanden, als sie das hörten, sprachen sie: »Siehe, er ruft den Elia.« Da lief einer und füllte einen Schwamm mit Essig, steckte ihn auf ein Rohr, gab ihm zu trinken und sprach: »Halt, lasst uns sehen, ob Elia komme und ihn herabnehme!« Aber Jesus schrie laut und verschied.

Und der Vorhang im Tempel zerriss in zwei Stücke von oben an bis unten aus. Der Hauptmann aber, der dabeistand, ihm gegenüber, und sah, dass er so verschied, sprach: »Wahrlich, dieser Mensch ist Gottes Sohn gewesen!« Und es waren auch Frauen da, die von ferne zuschauten, unter ihnen Maria Magdalena und Maria, die Mutter Jakobus des Kleinen und des Joses, und Salome, die ihm nachgefolgt waren, als er in Galiläa war, und ihm gedient hatten, und viele andere Frauen, die mit ihm hinauf nach Jerusalem gegangen waren.

# 91 Alles aus

*Was war das jetzt?*

Wenn ein Politiker den Beschluss und das Vorgehen seiner Partei zwar missbilligte, aber nicht verhindern konnte – was macht er dann? Er leistet ein bisschen Wiedergutmachung und Schadensbegrenzung.

»Ratsherr« Josef aus Arimatäa gehört zu jenem Gremium, das Jesus ans Messer lieferte, ist aber ein »heimlicher Jesusjünger« (Johannes 19,38). Gut vernetzt dank Vitamin B kann er bei Pilatus die Freigabe der Leiche erreichen und sie in der für seine Familie reservierten Felsengruft bestatten. Lassen wir mal die »Fake News« aus dem 5. Jahrhundert außer Acht, Josef habe das Blut Jesu im Kelch des Abendmahls aufgefangen und ihn später nach Glastonbury/Somerset gebracht (»Der Heilige Gral«). Spannender ist doch, was ihm und den Frauen, die bei der Grablegung zuschauen, durch den Kopf gegangen sein mag:

Alle haben verloren. Pilatus seine juristische Unabhängigkeit, die Priester den Rückhalt in Teilen der Bevölkerung, die Jünger ihre Hoffnung auf Reformen, Jesus sein Leben. Nein, werden die Jünger bald sagen: Er gab es hin. Willentlich. Nicht als »Opfer« für einen blutdürstigen Gesetzeshüter im Jenseits, sondern als Fanal, wie sehr Gott an den Menschen und mit ihnen leidet. Gescheitert sind alle menschlichen Versuche, Schuld irgendwie untereinander zu begleichen.

Oder mit Todesstrafen zu rächen. Verloren hat die Angstmacht der Gewalt, der Schuld und des Todes. Weil sie sich am menschgewordenen Gott Jesus von Nazareth ausgetobt hat. Entziehen kann man sich dieser Macht, indem man sich auf das Sterben Jesu beruft wie auf einen befreienden Rechtstitel. Denn: Alles, was wir einander – und vor allem uns selbst! – nie verzeihen werden, *ist* bereits verziehen, vergeben, getilgt!

Das werden die ersten Christen demnächst sagen und schreiben und es »Erlösung« oder »Schuldschein zerrissen« oder »Freikauf« nennen.

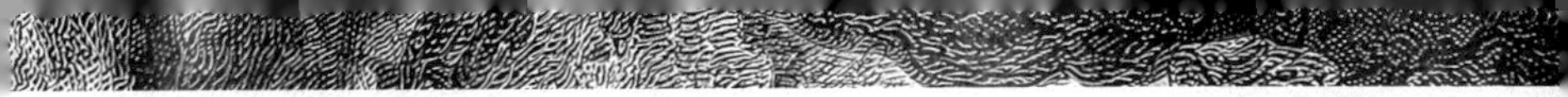

Es war schon Abend geworden, und es war der Tag, an dem der Sabbat vorbereitet wurde. Da kam Josef von Arimatäa, ein angesehenes Mitglied des jüdischen Rates. Er gehörte zu denen, die darauf warteten, dass Gottes Reich in der Welt anbricht. Er wagte es, zu Pilatus zu gehen und ihn um den Leichnam von Jesus zu bitten. Pilatus war erstaunt zu hören, dass Jesus schon tot war. Er rief den Hauptmann herbei und fragte ihn, ob Jesus wirklich schon tot war. Als er vom Hauptmann die Bestätigung bekam, überließ er Josef den Leichnam. Josef kaufte ein Leinentuch, nahm Jesus vom Kreuz ab und wickelte ihn in das Leinentuch. Dann legte er ihn in eine Grabkammer, die in einen Felsen gehauen war. Schließlich rollte er einen Stein vor den Eingang zur Grabkammer. Maria aus Magdala und Maria, die Mutter des Joses, sahen mit an, wo der Leichnam hingelegt wurde.

# 92 Schock am Grab

*Nur eine Erscheinung?*

Das zu glauben ist eine Zumutung! Jesus sei »auferstanden«? Kann es nicht eine tröstliche Einbildung der zwei Frauen gewesen sein, ein »Narrativ« gegen den Verlustschmerz? Oder schafften die Jünger die Leiche beiseite, um ihre Theorie vom »Messias« aufrechtzuerhalten? Oder waren es die Pharisäer, um dem erwartbaren Heldenkult am Grab vorzubeugen? Oder die Römer, um ihren Justizmord zu vertuschen?

Auffällig: Keiner kann die Leiche zeigen, obwohl es allen nützen würde. Noch auffälliger: Zwei Frauen sehen und hören Jesus zuerst. Nach rabbinischem Recht waren Frauen bei Gericht gar nicht zugelassen. Hätten die Jünger eine Auferstehung nur gefaked, wäre es das Dümmste gewesen, ausgerechnet Frauen als Kronzeuginnen zu benennen! Am auffälligsten: Sie erkennen ihn wieder! Sie identifizieren den vorgestern Gekreuzigten. Der »postmortale« Jesus ist kein mystisch halluziniert-imaginiertes Geistwesen aus Harry-Potter-Filmen, sondern exakt der, mit dem sie drei Jahre lebten! »Fürchtet euch nicht«, muss ihnen zwei Mal gesagt werden.

Uns heute auch, finde ich. Der »gesunde Menschenverstand« schreckt immer noch davor zurück, diese Ungeheuerlichkeit zu glauben. Nein, hieb- und stichfeste Beweise hat niemand. Und der Erste, der diese »Osterbotschaft« bezweifelt, wird ein Jünger Jesu sein (Johannes 20,25). Aber: Dass ein Häuflein enttäuschter und verängstigter Jesusleute über Nacht zu einer Stoßtruppe werden, die todesmutig die geistigen Grundlagen des römischen Weltreichs revolutionieren – dies lediglich auf die Hysterie zweier trauernder Frauen zurückzuführen, kostet mehr Glauben als den an die Auferstehung, oder?

Seit 2.000 Jahren sagen Milliarden Männer und Frauen aller Kulturkreise und sozialen Schichten, sie hätten Jesus sehr real im Gebet oder beim Bibellesen »gehört«, »erlebt«, »gespürt«. Deren Zeugnisse pauschal für unglaubwürdig zu erklären, fände ich anmaßend.

Der Sabbat war vorüber. Da kamen ganz früh am ersten Wochentag Maria aus Magdala und die andere Maria. Sie wollten nach dem Grab sehen. Plötzlich gab es ein heftiges Erdbeben, denn ein Engel des Herrn kam vom Himmel herab. Er ging zum Grab, rollte den Stein weg und setzte sich darauf. Seine Gestalt leuchtete wie ein Blitz, und sein Gewand war weiß wie Schnee. Die Wachen zitterten vor Angst und fielen wie tot zu Boden.

Der Engel sagte zu den Frauen: »Fürchtet euch nicht! Ich weiß: Ihr sucht Jesus, der gekreuzigt wurde. Jesus ist nicht hier. Gott hat ihn von den Toten auferweckt, wie er es vorausgesagt hat. Kommt her und seht: Hier ist die Stelle, wo er gelegen hat. Jetzt geht schnell zu seinen Jüngern! Sagt ihnen: ›Jesus wurde von den Toten auferweckt.‹ Er geht euch nach Galiläa voraus. Dort werdet ihr ihn sehen. Auf diese Botschaft könnt ihr euch verlassen.« Die Frauen waren erschrocken und doch voller Freude. Schnell liefen sie vom Grab weg, um den Jüngern alles zu berichten.

Da kam ihnen Jesus selbst entgegen und sagte: »Seid gegrüßt!« Sie gingen zu ihm, berührten seine Füße und warfen sich vor ihm zu Boden. Da sagte Jesus zu ihnen: »Fürchtet euch nicht! Geht und sagt meinen Brüdern, sie sollen nach Galiläa gehen. Dort werden sie mich sehen.«

# 93 Erst im Nachhinein klar

*Wut im Bauch oder Mut im Herzen?*

Aufs falsche Pferd gesetzt! Geld, Zeit und Kraft für nix investiert! Drei Jahre Lebenszeit verschwendet!

Kleopas und sein Freund empfinden das, weil Jesus a) nicht das Gesetz des Mose wieder in Kraft gesetzt, b) nicht die Reinheit des Tempels wiederhergestellt, c) nicht die römischen Besatzer rausgeworfen hatte, sondern d) schlichtweg gestorben war. Von wegen »Messias«, pah!

Sie gehen frustriert nach Hause – bergab übrigens, aus dem öffentlich urbanen Engagement ins dörfliche Privatleben –, aber plötzlich stellt ein Mitwanderer dumme Fragen. Schon dadurch stoppt er den Rückzug und verwandelt ihre selbstmitleidigen Monologe (»ich könnt mich ohrfeigen«) in einen therapeutischen Dialog über unerfüllte Hoffnungen und irritierende Gerüchte. Als er ihnen anhand der Bibel das große Ganze und das ganz Große Gottes erklärt, wird's inzwischen dunkel, und sie laden ihn zum Essen ein. Bei Tisch plötzlich ein irres Déjà-vu-Erlebnis: Der Gast verhält sich ja exakt wie Jesus beim Abendmahl!

Er ist es! »Da fiel es ihnen wie Schuppen von den Augen.« Es wurden ihnen die Augen geöffnet – die des Herzens, würde der kleine Prinz sagen –, der Auferstandene »entschwindet« ihren biologischen Pupillen, sie rennen zurück nach Jerusalem und rufen: »Der Herr ist auferstanden!«

Moment mal: Bei Tageslicht bergab mit Wut im Bauch, im Stockdunkeln bergauf mit Mut im Herzen?

»Das ist eigenartig«, würde Inspektor Columbo wahrscheinlich murmeln.

Aber es ist genau die »Verwandlung«, die geschehen kann, wenn Worte und Gesten ganz normaler Weggefährten sich bei Brot und Wein, in Abendmahl oder Eucharistie der Kirchen, plötzlich als Worte und Winke des Auferstandenen herausstellen, sodass sich vorher Frustrierte erst an den Kopf und dann ein Herz fassen.

Er fragte sie: »Worüber unterhaltet ihr euch?« Da blieben sie traurig stehen. Einer von ihnen – er hieß Kleopas – antwortete: »Du bist wohl der Einzige in Jerusalem, der nicht weiß, was dort passiert ist?« Jesus fragte sie: »Was denn?« Sie sagten zu ihm: »Das mit Jesus aus Nazareth! Er war ein großer Prophet. Sie ließen ihn zum Tod verurteilen und kreuzigen. Wir hatten doch gehofft, dass er der erwartete Retter Israels ist. Aber nun ist alles schon drei Tage her. Und dann haben uns einige Frauen in Aufregung versetzt: Sie waren frühmorgens am Grab. Aber sie konnten seinen Leichnam nicht finden. Sie berichteten: ›Wir haben Engel gesehen. Die haben uns gesagt, dass Jesus lebt!‹« Da sagte Jesus: »Warum seid ihr so begriffsstutzig? Musste der Christus das nicht alles erleiden?« Und Jesus erklärte ihnen, was in der Heiligen Schrift über ihn gesagt wurde. Später ließ er sich mit ihnen zum Essen nieder. Er nahm das Brot, dankte Gott, brach das Brot in Stücke und gab es ihnen. Da fiel es ihnen wie Schuppen von den Augen, und sie erkannten ihn. Im selben Augenblick verschwand er vor ihnen. Sie sagten: »Brannte unser Herz nicht vor Begeisterung, als er unterwegs mit uns redete?«

# 94__Von wegen »ungläubig«

*Was Thomas berührt*

Das Schöne an den »eigenen vier Wänden« ist ja, dass man auch mal »die Tür hinter sich zumachen« kann. Die Welt da draußen ist unübersichtlich, komplex, gefährlich. Da bietet es kuschelige Nestwärme, wenn man in geschlossenen Räumen »ganz unter sich bleibt«. Unter Gleichgesinnten, in Meinungsblasen, auf den selbstbestätigenden Plattformen des Internets.

Die führungslos gewordenen Jünger sehen das auch so. Nur ohne Internet. In hermetischen Echokammern zirkulieren aber oft Hirngespinste, weshalb Thomas erst mal einen persönlichen Faktencheck verlangt: »Auferstanden? Glaub ich nicht.«

Ist er deshalb der sprichwörtlich »ungläubige Thomas«? Überhaupt nicht: Thomas war bereit, mit Jesus zu sterben (Johannes 11,16); Thomas stellte die richtigen Fragen (Johannes 14,5), Thomas hatte unfassbare Wunder miterlebt (Johannes 11,44) – jetzt passiert schon acht Tage lang nichts. Er bezweifelt ja nicht Gott, sondern die Gerüchte seiner Kumpel.

Ein Mensch geht nicht durch Wände. Wie Jesus *reinkam*, ist rätselhaft. Ein Geist hat aber doch keine verschorften Wunden von letzter Woche?! Wie Jesus *aussieht*, ist noch verstörender. Dass er auch nach der Auferstehung ganz Mensch ist – der zum Beispiel Hunger hat und Fisch mag (Lukas 24,42-43) –, kostet Thomas mehr »ungläubiges Staunen«, als wenn eine Lichtgestalt aus glitzerndem Feenstaub herbeigeschwebt wäre.

Jesus sagt »Friede sei mit euch«, »Reich mir deine Hand« und »Glaubt mehr als nur euern Augen«. Beruhigung, Berührung, Beziehung. Es gibt viele mächtige, wirkungsvolle Dinge, mit denen wir ungesehen rechnen. Strom, Röntgenstrahlen, Magnetismus, Radioaktivität und Antikörper zum Beispiel. Ganz zu schweigen von der Liebe …

»Nicht sehen und doch glauben« ist kein »blinder« Glaube. Überhaupt nicht.

Thomas war nicht bei den anderen Jüngern gewesen, als Jesus gekommen war. Sie berichteten ihm: »Wir haben den Herrn gesehen!« Er entgegnete ihnen: »Erst will ich selbst die Wunden von den Nägeln an seinen Händen sehen. Mit meinem Finger will ich sie fühlen. Und ich will meine Hand in die Wunde an seiner Seite legen. Sonst kann ich das nicht glauben!«
Acht Tage später waren die Jünger wieder beieinander. Diesmal war Thomas bei ihnen. Wieder waren die Türen verschlossen. Da kam Jesus, trat in ihre Mitte und sagte: »Friede sei mit euch!« Dann sagte er zu Thomas: »Leg deinen Finger hierher und sieh meine Hände an. Streck deine Hand aus und leg sie in die Wunde an meiner Seite. Sei nicht länger ungläubig, sondern komm zum Glauben!« Thomas antwortete: »Mein Herr und mein Gott!« Da sagte Jesus zu ihm: »Du glaubst, weil du mich gesehen hast. Glückselig sind die, die mich nicht sehen und trotzdem glauben!«

# 95 Gehobene Missionarsstellung

*Alle Völker unterrichten?!*

Auf einem »Berg« wird's was Wichtiges. Aber wenn von elf Jüngern »einige zweifelten« – also mindestens zwei –, dann sind das etwa 20 Prozent. Jesus gibt auch den Halbgläubigen einen »Missionsbefehl«. Der löst heutzutage Schnappatmung aus: »Missionieren?« Aua.

Moralapostel in der Fußgängerzone, Sektierer an der Haustür, Seelenmasseure auf Privatsendern nerven einfach nur. »Mission«, das waren doch die Kreuzzüge gegen Muslime, der Völkermord an den Inkas, die Kulturzerstörung indigener Völker, oder? Waren Missionare nicht die Wegbereiter des Kolonialismus, Vordenker des Rassismus und Nutznießer der Sklaverei? Vorgestern ja, leider.

Heute sind weltweit knapp zwei Drittel aller Christen dunkelhäutig, leben auf der Südhalbkugel der Erde und sind meist besser gebildet und medizinisch versorgt als andere. Dankbar nutzen sie jene Infrastrukturen, Schulen und Krankenhäuser, die die Missionare errichteten. Und wenn eine entlegene Stammessprache alphabetisiert werden muss, damit Indigene sich in der modernen Welt behaupten können, dann machen das Bibelübersetzer. Kulturzerstörung? War gestern.

»Lehret alle Völker …« preußische Tugenden? Nein, »alles, was ich euch geboten habe«. Und was Jesus alles geboten hat, wird von den meisten Religionen sehr geschätzt. Auf den Namen des dreieinigen Gottes »taufen« lassen sich Muslime zum Beispiel nicht. Oder sehr selten. Aber dass der universal machthabende Schöpfer in Jesus Christus »alle Tage bei euch bleibt« – auch an schlechten –, ist eine Zusage, die herzensentflammte Christen des Südens begeistert weitererzählen.

In atheistischen oder islamistischen Ländern dürfen sie das nicht. Bei uns schon. Das sollte so bleiben, finde ich. Man nennt es »missionieren«.

Aber die elf Jünger gingen nach Galiläa auf den Berg, wohin Jesus sie beschieden hatte. Und als sie ihn sahen, fielen sie vor ihm nieder; einige aber zweifelten. Und Jesus trat herzu, redete mit ihnen und sprach: »Mir ist gegeben alle Gewalt im Himmel und auf Erden. Darum gehet hin und lehret alle Völker: Taufet sie auf den Namen des Vaters und des Sohnes und des Heiligen Geistes und lehret sie halten alles, was ich euch befohlen habe. Und siehe, ich bin bei euch alle Tage bis an der Welt Ende.«

# 96__Loslassen lernen

*Hans Guck-in-die-Luft!*

Himmelfahrt als religiöser Feiertag scheint den Kirchen peinlich zu sein – sie sind noch leerer als sonst. Als Vatertag *ist* er peinlich: Die Papas – ohne Kinder natürlich – besaufen sich im Grünen. Nur das Finanzamt freut sich: Alkohol-, Tabak- und Mineralölsteuern sprudeln nur so. Peinlich wie in einem altbackenen Science-Fiction-Film geht es aber auch in der Apostelgeschichte 1 zu: Die Erde ist offenbar eine Scheibe mit Käseglockenhimmel drüber, in den Jesus, der Rocket Man, wolkengetragen »hinauffährt«. Ach du liebes bisschen!

Was unterscheidet Jesus von den Helden der griechischen Mythologie, die – bei Plato und Plutarch zum Beispiel – in die Sonne eindringen? Oder von Mohammed, der laut Koransure 17,1 auf einem Flügelpferd Himmel und Hölle durchfliegt?

Den elf Hans-Guck-in-die-Luft-Jüngern wird gesagt: Glotzt nicht so. Seit Gott ihn durch die Auferweckung von den Toten endgültig als seinen autorisierten Gesandten bestätigt hat, wollt ihr euer kleinteiliges Projekt »Himmel auf Erden« ein zweites Mal anleiern. Aber die Sache ist größer: Jesus tritt gerade heraus aus Raum und Zeit. Im »Himmel«, in der nicht materiellen, jenseitigen Dimension also, ist er ja nicht »weg«, sondern ab jetzt allen Menschen überall und zu jeder Zeit gleich nah. Nicht mehr mit den Sinnen wahrnehmbar, aber mit dem Herzen erlebbar. Ihr werdet ausgerüstet mit einer »Kraft des Geistes«, ihr habt einen Auftrag und eine konkrete Hoffnung. Also – an die Arbeit!

Sören Kierkegaard, der dänische Philosoph, sagte, es geht nicht um die »Fahrt« eines Davonschwebenden, sondern um die Kraft und die Bevollmächtigung der Dableibenden. Sie, die Jüngerinnen und Jünger, sollen ab jetzt ohne seine physische, »nur« mit seiner spirituellen Präsenz »Zeugen sein«. Berichterstatter, Auskunftgeber, Botschafter. Was müssen sie lernen? Meditative Levitation? Nein, alte Sicherheiten loszulassen.

Jesus sagte zu den Aposteln: »Ihr werdet in wenigen Tagen mit dem Heiligen Geist getauft werden.« Da fragten ihn die Versammelten: »Herr, wirst du dann die Herrschaft Gottes in Israel wieder aufrichten?« Jesus antwortete: »Ihr braucht die Zeiten und Fristen nicht zu kennen. Mein Vater allein hat sie in seiner Vollmacht festgelegt. Aber wenn der Heilige Geist auf euch herabkommt, werdet ihr Kraft empfangen. Dann werdet ihr meine Zeugen sein – in Jerusalem, in ganz Judäa und Samarien und bis ans Ende der Erde.«

Nach diesen Worten wurde er vor ihren Augen emporgehoben. Eine Wolke nahm ihn auf, und er verschwand. Die Apostel starrten wie gebannt zum Himmel und schauten ihm nach. Da standen plötzlich zwei weiß gekleidete Männer bei ihnen. Die sagten: »Ihr Männer aus Galiläa, was steht ihr da und schaut zum Himmel? Dieser Jesus, der von euch weg in den Himmel aufgenommen wurde, wird wiederkommen – genauso wie ihr ihn habt in den Himmel gehen sehen.« Danach kehrten die Apostel vom Ölberg nach Jerusalem zurück. Der Ölberg liegt nahe bei Jerusalem, nur etwa einen Sabbatweg entfernt.

# 97_Besoffen? Nein, begeistert!

*Eine In-Spiration*

Wenn Sie »ganz erfüllt« von einem überwältigenden Glücksmoment »Feuer und Flamme« sind und »begeistert« davon erzählen, weil sprichwörtlich »dem der Mund überläuft, dessen Herz voll ist« – dann müssen Sie mit nachsichtigem Lächeln, heimlichem Augenrollen oder offenem Spott rechnen. Bei mir war das nach den Geburten unserer Töchter so. Weil nicht alle verstehen, was da »über Sie gekommen ist« und warum Sie so bewegt sind.

50 Tage nach Ostern ist die Beklommenheit der Jüngerinnen und Jünger »wie weggeblasen«, feurige Begeisterung erfüllt sie, ganz »entflammt« haben sie zündende Ideen, und jetzt sprudeln sie nur so los.

Die hebräisch »Ruach« genannte Geistkraft Gottes, der griechisch als »pneuma« und lateinisch »spiritus« bezeichnete Hauch, der Atem, der Geist erfüllt sie – eine »In-Spiration« im Wortsinn. Aber statt kopfschüttelndem Unverständnis gibt's erstauntes Verstehen – bei allen, die das miterleben ohne Langenscheidt und Übersetzungs-App. Bitte nachzählen: Es sind 17 verschiedene Sprach-, Volks- und Religionsgruppen. Wenn Christen heutzutage Nationalisten, Rassisten und religiöse Fanatiker wählen, verleugnen sie die Geschichte ihrer Kirche: Die ist vom ersten Pfingstfest an ein multikultureller Haufen.

Fast 400-mal ist in der Bibel vom Geist Gottes die Rede. In Sprachbildern wie Wind, Feuer, Taube, fließendes Wasser und so weiter. Meist in weiblicher Grammatik, weshalb die Vorbehalte gegen den »Heiligen Geist« denjenigen gegen Frauen ähneln: zu emotional, zu sehr bauch- statt kopfgesteuert et cetera. Weil wir Europäer seit der Aufklärung den »Geist« lieber als Denke verorten. Macht nix: Die »Dynamis« Gottes lässt Leute kraftvoll über sich selbst hinauswachsen, schenkt die sprichwörtlich »ungeahnten Kräfte«. Uns Eltern zum Beispiel, wenn die Kinder klein sind. Oder dem Petrus während einer historisch gewordenen Rede.

Als das Pfingstfest kam, waren wieder alle zusammen. Plötzlich kam vom Himmel her ein Rauschen wie von einem starken Wind. Es erfüllte das ganze Haus, in dem sie sich aufhielten. Dann erschien ihnen etwas wie züngelnde Flammen. Die ließen sich auf jedem Einzelnen von ihnen nieder. Alle wurden vom Heiligen Geist erfüllt. Sie begannen, in fremden Sprachen zu reden – ganz so, wie der Geist es ihnen eingab.
In Jerusalem lebten auch fromme Juden aus aller Welt. Als das Rauschen einsetzte, strömten sie zusammen. Sie waren verstört, denn jeder hörte sie in seiner Sprache reden. Erstaunt und verwundert sagten sie: »Wie kommt es, dass jeder von uns sie in seiner Muttersprache hört? Wir kommen aus Persien, Medien und Elam. Wir stammen aus Mesopotamien, Judäa und Kappadozien, aus Pontus und der Provinz Asia, aus Phrygien und Pamphylien. Aus Ägypten und der Gegend von Kyrene in Libyen, ja sogar aus Rom sind Besucher hier. Auch Kreter und Araber sind dabei. Wir alle hören diese Leute in unseren Sprachen erzählen, was Gott Großes getan hat.« Erstaunt und ratlos sagte einer zum anderen: »Was hat das wohl zu bedeuten?« Wieder andere spotteten: »Die haben zu viel süßen Wein getrunken!«

# 98 Langer Rede großer Sinn

*Das Fischer-Referat hat Folgen*

Man muss es mit langem »u« aussprechen. Wie in »Uhu«. Das Wort »Buße«. Mit kurzem »u« wäre der »Bußgeldkatalog« ja nur eine Preisliste im Stadtbus. Ist aber eine Strafandrohung des Ordnungsamtes. Für besoffen Auto fahren zum Beispiel.

Stocknüchtern erklärt Petrus vor internationalem Publikum – von Gottes Geist simultanübersetzt (Apostelgeschichte 2,8) –, dass Jesus zwar spektakuläre Wunder tat und ungerecht zu Tode kam, aber erst durch seine Auferweckung als »gottwesensgleich« bestätigt und autorisiert wurde.

»Echt? Ach so. Und jetzt?«, fragen die Leute betroffen, und Petrus sagt ein Wort, das die meisten Zuhörenden noch vom Prediger Johannes und einige vom Propheten Jona her kennen: »Tut Buße!«

Das meint weder Strafzahlungen noch Prügel (»Das sollst du mir büßen!«), sondern: Bereut euern gottvergessenden Lebensstil an den Zehn Geboten vorbei, denkt anders (wie Jesus zum Beispiel) und kehrt um (zu ihm hin zum Beispiel)! Luther erfand den Begriff »Buße« beim Bibelübersetzen, um der »Besserung« die selbst geleistete Tugendhaftigkeit zu nehmen und das »Umdenken« vom Hirn in die Hände zu bringen: »Tut (!) Buße.«

Herausgekommen sind dabei – leider – die masochistischen »Büßer« mit Kurzpeitsche, die »Bußübungen« auf Knien und der »Bußgeldkatalog«. Schade.

Als äußeres Symbol dieser inneren Umkehr und als Zeichen für die Zusage der Vergebung Gottes empfiehlt Petrus, sich taufen zu lassen.

Es ist die erste Laienpredigt der Kirchengeschichte – Petrus ist beruflich Fischer –, aber ihre Wirkung ist der Traum aller Pfarrerinnen und Pfarrer. Wüsste gern, wie lang das dauert, wenn ein paar Jünger 3.000 Leute taufen. Ein ganzes Pfingstfest wahrscheinlich, inklusiv Montag.

Da trat Petrus vor die Menge. Mit lauter Stimme sagte er: »Ihr Leute von Judäa, Bewohner von Jerusalem! Lasst euch erklären, was hier vorgeht! Diese Leute hier sind nicht betrunken, wie ihr meint. Es geht um Jesus, den Nazoräer. Gott selbst hat euch gezeigt, wer er war. Mitten unter euch hat Gott durch ihn machtvolle Taten, Wunder und Zeichen geschehen lassen. Es war Gottes Wille und Plan, dass dieser Mann euch schutzlos ausgeliefert war. Ihr habt ihn von den Heiden ans Kreuz schlagen und umbringen lassen. Aber Gott hat ihn auferweckt und aus der Gewalt des Todes befreit. Denn der Tod hatte keine Macht über ihn und konnte ihn nicht festhalten.«
Mit seinen Worten traf Petrus die Zuhörer mitten ins Herz. Sie fragten ihn und die anderen Apostel: »Ihr Brüder, was sollen wir tun?« Petrus antwortete: »Tut Buße, ändert euer Leben! Lasst euch alle taufen im Namen von Jesus Christus. Dann wird Gott euch eure Schuld vergeben und euch den Heiligen Geist schenken.« Mit diesen und noch vielen weiteren Worten beschwor Petrus die Leute. Viele nahmen die Botschaft an, die Petrus verkündet hatte, und ließen sich taufen. An diesem Tag gewann die Gemeinde ungefähr 3.000 Menschen hinzu.

# 99 Seins oder nicht seins?

*Das ist hier die Frage*

Echt sprichwörtlich »ein Herz und eine Seele« waren die 3.000 ersten Christen?

Das waren nicht mal die vier Familienmitglieder der gleichnamigen TV-Comedy-Serie 1973 bis 1976, in der sich Heinz Schubert als »Ekel Alfred« und Helga Feddersen als Else Tetzlaff täglich piesackten. Wobei sich Alfreds militanter Antikommunismus aus der Tatsache speiste, dass sie noch nie irgendwo geklappt hat, die Gütergemeinschaft. Der freiwillige Verzicht auf Privatbesitz. Neidlos, gerecht, nachhaltig, für Tausende? Nirgendwo.

Die Grundstückspreise auf Zypern müssen hoch gewesen sein: Als Tempeldiener Josef seinen Verkaufserlös der Urgemeinde spendet, nennen ihn die Apostel »Tröster«: Barnabas. Toll. Auch Hausbesitzer folgen seinem Beispiel, und zunächst erzeugt das unterschiedslose Vollversorgung. Außerdem herrscht ja keine erzwungene Vergesellschaftung von Vermögen à la Marx und Lenin, keine Zwangsenteignung im DDR-Stil, sondern Reiche teilen freiwillig mit Armen. Aus Liebe. Aus Dankbarkeit für die »Gnade« Gottes. Eigentlich ein Traum.

Nur: So viel Geld will verwaltet und gerecht verteilt werden. Bedarfsfeststellung ist auf Dauer heikel. Die Apostel mögen gute »Zeugen der Auferstehung« sein – gute Banker, Juristen und Sozialarbeiter sind sie deshalb nicht notwendigerweise. Recht bald »murren« die sozial Schwachen, und man wählt Diakoniebeauftragte (Apostelgeschichte 6,1–6). Aber Jahre später ist die Jerusalemer Urgemeinde pleite, und Paulus muss auf Fundraising-Tour gehen (Römer 15,26).

Besitzlosigkeit und Gütergemeinschaft aus Liebe zu Gott und den Nächsten – das funktioniert seit 2.000 Jahren in überschaubar kleinen Klöstern und Kommunitäten. Im Rest der Welt kaum. Es ehrt ihn aber, dass Chronist Lukas diese Startschwierigkeit der Kirche nicht verschweigt, finde ich.

Die ganze Gemeinde war ein Herz und eine Seele. Keiner betrachtete etwas von seinem Besitz als sein persönliches Eigentum. Vielmehr gehörte alles, was sie hatten, ihnen allen gemeinsam. Mit großer Kraft traten die Apostel als Zeugen dafür auf, dass Jesus, der Herr, auferstanden war. Gottes Gnade war unter ihnen in reichem Maß spürbar. Keiner von ihnen musste Not leiden. Wer Grundstücke oder Häuser besaß, verkaufte diese und stellte den Erlös zur Verfügung. Er legte das Geld den Aposteln zu Füßen. Davon erhielt jeder Bedürftige, so viel wie er brauchte. So machte es auch Josef, ein Levit, der aus Zypern stammte. Die Apostel nannten ihn Barnabas, das bedeutet: der Tröster. Josef verkaufte einen Acker, der ihm gehörte. Den Erlös stellte er der Gemeinde zur Verfügung und legte ihn den Aposteln zu Füßen.

# 100 Religionstoleranz? Undenkbar

*Die Gedanken sind (nicht überall) frei*

Im milliardenreichen Sultanat Brunei wurde sie 2014 wieder eingeführt: die Steinigung. In elf weiteren islamischen Staaten wird sie aktuell praktiziert: Man gräbt einen Menschen bis zum Oberkörper ein und bewirft seinen Kopf so lange mit Steinen, bis er tot ist.

Heutzutage werden Schwule, Ehebrecherinnen und »Ungläubige« so ermordet. Damals Stephanus, einer der sieben Sozialfürsorger der Christengemeinde. Wegen seiner provozierend anderen Deutung der jüdischen Religionsgeschichte (Apostelgeschichte 7). Folgen diesem Jesushype noch mehr Leute, sagt sich der kluge Saulus, brechen Staatsreligion und Macht zusammen. Also weg mit den Spinnern. Paulus wird zum Hexenjäger. Im Lynch-Mob gibt's auch Intellektuelle, immer schon.

Weil aber nicht alle für ihren Glauben sterben wollen, »zerstreuen« sich die Jesusanhänger. Das heißt: Die ersten Christen waren Flüchtlinge. Muss man rechtsgedrehten Kirchgängern im 21. Jahrhundert noch mal sagen. Namenlose Geflüchtete »missionieren« den christlichen Glauben überallhin und werden bis heute weltweit – mehr als alle anderen Religionsgruppen – unterdrückt, verfolgt, vertrieben, ermordet. Weil Religionsfreiheit die Machthaber in China und Nordkorea gefährdet. Die im Iran oder in Indien auch.

Vom freien Ausland aus den Verfolgten finanziell zu helfen ist schwierig. Weil ihnen genau das von ihren Unterdrückern vorgeworfen wird. Vor 1989 halfen fromme kalte Krieger am liebsten den unterdrückten Christen im Ostblock. Denen im Apartheid-Südafrika und in südamerikanischen Militärdiktaturen nicht so gern. Heute hilft man verfolgten Christen in islamistischen Ländern. Gut so. Wenn es nicht mit Hetze gegen hiesige Muslime verbunden wird. Manche von ihnen sind nämlich zu uns geflohen, eben weil auch sie daheim verfolgt wurden.

Saulus war einverstanden mit der Hinrichtung von Stephanus. An diesem Tag begann für die Gemeinde in Jerusalem eine schwere Verfolgung. Mit Ausnahme der Apostel zerstreuten sich alle über das Gebiet von Judäa und Samarien. Einige fromme Männer bestatteten Stephanus und hielten eine große Totenklage für ihn. Aber Saulus wollte die Gemeinde vernichten. Er ließ die Häuser durchsuchen, Männer und Frauen abführen und ins Gefängnis werfen. Die nach der Flucht über das Land zerstreuten Glaubenden zogen umher und verkündeten die Gute Nachricht.

# 101 Erklären Sie mir das mal!

*Literatur wird Leben*

Reich und mächtig. Einerseits. Schwarz und kastriert. Andrerseits. Zu Hause angesehen. Hier ausgegrenzt. Arbeitet im Palast. Fährt aber grade durch die Pampa. Der Finanzminister von Äthiopien hat direkten Zugang zur Königin, ist also ein »Eunuch«. Alle derart Privilegierten sind das damals. Begeistert von ihrer Weisheit, darf er als »Verschnittener« trotzdem kein Jude werden und nicht in den Tempel rein (5. Mose/Deuteronomium 23,2), unternimmt aber eine Wallfahrt nach Jerusalem.

Auf der Heimfahrt liest er das Buch Jesaja, da steht ein Tramper im Nirgendwo. Der fragt den Staatsmann ganz dreist, ob er überhaupt was kapiert, darf aber mitfahren und – das uralte »Gottesknechtlied« (Jesaja 52–53) macht plötzlich Sinn: Der hier beschriebene Verachtete ist Jesus, sagt der Mitfahrer. Jesus, der mit den Leidenden litt, für sie und ihre Sünden starb, aber von Gott auferweckt und triumphal bestätigt wurde.

Moment mal, überlegt der Afrikaner, Erniedrigung und Erhöhung, Verachtung und Bestätigung sind doch genau meine Themen! Die ferne Literatur rückt ihm nah auf die Pelle. Fix und mutig, wie ein Politiker sein sollte, fragt er, ob es Hinderungsgründe für seine Taufe gäbe. Der jüdische Jesusjünger Philippus müsste jetzt korrekt antworten; Ja, viele! Du bist schwarz, ausländisch, sexuell anders orientiert, nicht bibelkundig genug … Macht Philippus aber nicht.

Spätere Handschriften fügen noch ein, er habe wenigstens gefragt: »Glaubst du von ganzem Herzen, dass Jesus Gottes Sohn ist?«, und von dem Äthiopier ein quasi traualtartaugliches »Ja« bekommen.

Ob mit oder ohne Ja-Wort: Philippus tauft den Fremden. Im Freien. Vom Fleck weg. Der Zentralschlüssel zum Verständnis aller biblischen »Schätze der Erkenntnis« (Kolosser 2,3), Herr Schatzmeister, ist nämlich nicht Gesetzesstudium, sondern Christus.

Philippus stand auf und ging zur Straße. Dort war ein Mann aus Äthiopien unterwegs. Er war Eunuch und ein hoher Beamter am Hof der Königin von Äthiopien. Er verwaltete ihr Vermögen und war nach Jerusalem gekommen, um Gott anzubeten. Jetzt war er auf der Rückreise. Er saß in seinem Wagen und las im Buch des Propheten Jesaja.
Philippus lief hin und hörte, wie der Mann laut las. Philippus fragte: »Verstehst du, was du da liest?« Der Eunuch bat Philippus: »Steig ein und setz dich zu mir!« An der Stelle stand: »Wie ein Schaf wurde er zur Schlachtbank geführt. Wie ein Lamm beim Scheren stumm bleibt, sagte er kein Wort. Er wurde zutiefst erniedrigt, doch das Urteil gegen ihn wurde aufgehoben.« Der Eunuch fragte: »Von wem spricht der Prophet hier?« Da ergriff Philippus die Gelegenheit: Ausgehend von dem Wort aus Jesaja, verkündete er ihm die Gute Nachricht von Jesus.
Sie kamen an einer Wasserstelle vorbei. Der Eunuch sagte: »Spricht etwas dagegen, dass ich getauft werde?« Der Wagen hielt an. Beide stiegen ins Wasser, und Philippus taufte ihn. Als sie aus dem Wasser herausstiegen, wurde Philippus vom Geist fortgenommen. Aber der Eunuch setzte seinen Weg voller Freude fort.

# 102 Komm ich da lebend raus?

*Zwei umwerfende Begegnungen*

Als Jamal Khashoggi, Journalist der »Washington Post«, am 2. Oktober 2018 ahnungslos die saudi-arabische Botschaft in Istanbul betreten hatte, wurde er von 15 Killern, darunter ein Pathologe, fachmännisch zerhackt. Seine Leiche löste man in Säure auf.

Hananias war da ahnungsvoller. In die sprichwörtliche »Höhle des Löwen« gehen? Den gefürchteten Dissidentenjäger Saulus von Tarsus besuchen? Ich bin doch nicht lebensmüde! Wie soll er auch wissen, dass dieser »Saulus zum Paulus geworden« ist, wie wir noch heute sagen, weil der Saul neulich »ein Damaskus-Erlebnis« hatte, ein buchstäblich umwerfendes. Noch 'n Sprichwort.

Der Religionspolizist und seine Eingreiftruppe halluzinieren eine Stimme, die fragt: »Warum verfolgst du mich? Ich bin Jesus.« Sich aufrappelnd hätte Saulus antworten können: »Nö. Dich doch nicht! Nur deine Anhänger.« Aber: Die Stimme vom Himmel identifiziert sich mit ihrem Bodenpersonal. »Wer Christen verfolgt, legt sich mit dem Auferstandenen an, klar?!« Die Gemeinde ist nämlich der diesseitig sichtbare »Leib« des unsichtbar jenseitigen Christus.

So hatte Saulus das noch gar nicht gesehen. Sieht aber auch sonst nichts mehr: Statt mit Haftbefehlen und Handschellen tapert er »am Stock« in die Stadt, sprichwörtlich, kriegt vor Kummer nichts runter und neigt den klugen Kopf unter die segnenden Hände eines Fremden. Hananias (augen-)heilt einen Menschen, der ihm an die Gurgel wollte. »Feindesliebe« nannte Jesus das (Matthäus 5,43–44).

Als dem »lieben Bruder Saul« dies »wie Schuppen von den Augen« fällt – Sprichwort Nummer 3 –, lässt er sich taufen, lässt es sich schmecken und ahnt vielleicht schon, dass ihm daheim nicht alle diese Bekehrung glauben werden (Apostelgeschichte 9,26). Hananias hätte ja auch nicht geglaubt, dass er aus der Nummer heil wieder rauskommt.

Saulus verfolgte immer noch die Jünger des Herrn. Auf dem Weg nach Damaskus umstrahlte ihn plötzlich ein Licht vom Himmel. Er stürzte zu Boden und hörte eine Stimme: »Saul, Saul, warum verfolgst du mich?« Er fragte: »Wer bist du, Herr?« Die Stimme antwortete: »Ich bin Jesus, den du verfolgst. Geh in die Stadt. Dort wirst du erfahren, was du tun sollst.« Als Saulus die Augen öffnete, konnte er nichts sehen. Seine Begleiter führten ihn an der Hand nach Damaskus. Drei Tage lang war Saulus blind. Er aß nichts und trank nichts.
In Damaskus lebte ein Jünger namens Hananias. Dem erschien der Herr: »Steh auf und geh zum Haus von Judas. Dort frag nach Saulus aus Tarsus. Er ist dort und betet.« Hananias antwortete: »Herr, ich habe schon viel von ihm gehört. Er hat deinen Heiligen viel Böses angetan.« Aber der Herr sagte: »Geh nur! Gerade ihn habe ich als Werkzeug gewählt.«
Da machte sich Hananias auf den Weg. Er legte Saulus die Hände auf: »Saul, mein Bruder, Jesus hat mich gesandt. Du sollst wieder sehen können und mit dem Heiligen Geist erfüllt werden.« Sofort fiel es Saulus wie Schuppen von den Augen, und er konnte wieder sehen. Er stand auf und ließ sich taufen.

# 103 Wer hat denn den bestellt?!

*Leute gibt's, das gibt's gar nicht*

Wie Potsdam zu Zeiten von Willem Zwo: eine Stadt im Kaiserkult. »Cäsarea« eben. Militär und Marschmusik. Einer der fünf hier stationierten Kohortenführer, Kornelius, hat allerdings ein komisches Hobby: Er spendet, betet und unterstützt Juden.

Als er Freunde und Verwandte zusammenruft, ist die High Society beisammen. Gerade will man die Weinkelche auf den Kaiser erheben, da kommt ein stillos gekleideter Fischer aus Jaffa rein (what?), und Kornelius fällt vor ihm nieder wie bei einem Staatsempfang mit militärischen Ehren! Dem Hausdiener fällt schier die Amphore aus der Hand. Dass der Fremde »auch nur ein Mensch« und kein Halbgott ist, merken alle, als er den Mund zur Begrüßung aufmacht: »Eigentlich darf ich gar nicht hier sein, ihr Unreinen, ihr Ungläubigen!«

Na super. Frau Kornelia kriegt nervöse Flecken im Dekolleté. Aber der Gastgeber rettet die Situation, indem er erklärt, ein Engel Gottes habe ihm befohlen, diesen ominösen Petrus herzuholen. Jetzt fällt *der* aus allen Wolken: »Ach so? Aha? Gott liebt ohne Ansehen der Person, in jedem Volk?« Und dann erzählt Petrus, dass Jesus Wunder getan habe, für die Schuld der Menschen gestorben sei, auferstanden ist und der jenseitige Richter *aller* Menschen sein wird.

Ein kleiner Handwerker sagt vor ordenbehängten Militärs in der Garnisonsstadt Cäsarea: Ihr habt ihn umgebracht, Gott hat ihn auferweckt. Er und nur er ist Herr! Eine »Sternstunde der Menschheit«, würde Stefan Zweig sagen. Ab diesem Moment nämlich ist der Glaube an Christus keine spirituelle Variante innerhalb des Judentums mehr, sondern eine transkulturelle Weltreligion. Gottes Geist erfasst auch »unreine« Römer. Der stramm jüdischgläubige Petrus überschreitet die Grenzen seiner Tradition. Aus dem Gala-Empfang wird ein Taufgottesdienst.

Petrus und seine Begleiter trafen in Cäsarea ein. Kornelius hatte seine Verwandten und engsten Freunde eingeladen. Ehrfürchtig fiel er vor Petrus auf die Knie. Aber der zog ihn hoch: »Steh auf! Ich bin auch nur ein Mensch.« Petrus betrat das Haus. Er sagte zu den Leuten: »Ihr wisst ja: Einem Juden ist es nicht erlaubt, einen Fremden zu Hause aufzusuchen. Aber Gott hat mir gezeigt, dass man keinen Menschen als unrein bezeichnen darf. Aber jetzt möchte ich wissen, warum ihr mich eingeladen habt.«
Kornelius antwortete: »Es war vor drei Tagen. Ich betete gerade. Da stand plötzlich ein Mann vor mir, der ein prächtiges Gewand trug. Er sagte: ›Gott hat dein Gebet erhört. Schicke jemanden nach Joppe und lass Petrus zu dir bitten.‹ Das tat ich. Jetzt sind wir alle hier vor Gott versammelt, um zu hören, was der Herr dir aufgetragen hat.«
Petrus sagte: »Jetzt begreife ich, dass Gott nicht auf die Person sieht! Wer ihn ehrt und das tut, was recht ist, den nimmt Gott an – ganz gleich, aus welchem Volk er stammt. Diese Botschaft hat Gott seinem Volk gesandt. Er hat ihm die Gute Nachricht verkündet, dass er Frieden gebracht hat – durch Jesus Christus, der Herr ist über alle Menschen!«

# 104 Traum-Mann gesucht!

*Kann ich so gehen?*

Umkleidekabinen bieten Schutz. Nicht nur körperlich: Kummer mit den Kindern? Frau X tröstet sich mit einer Wahnsinnskreation. Vom Gatten gedemütigt? Frau Y kauft sich ein stolzes Abendkleid. Psychosomatische Atembeschwerden? Frau Z wählt ein atemberaubendes Dekolleté. 28 Prozent aller Männer über 40 würden sich im ersten Jahr nach ihrer Scheidung ein Motorrad oder einen Sportwagen kaufen, war zu lesen. Weil wir Symbole des Selbstwerts, seelische Stabilisatoren, brauchen?

Boutiquenchefin Lydia weiß: Ihre todschick royalen Purpurstoffe können das nicht wirklich leisten. Aber seit Kaiser Octavian 31 nach Christus die Beamten und Militärs seines Vorgängers nach Philippi verbannte und mit Abgabenfreiheit ruhigstellte, ist die Stadt eine Steueroase. Ein logischer Grund, als Händlerin hier zu sein. Aber warum sitzen heute drei jüdische Männer unter den Waschfrauen am Fluss? »Weil, äh, uns im Traum ein Mazedonier erschien«, sagt Paulus. Ein ziemlich unlogischer Grund, als Theologe hier zu sein.

Die Rollenklischees sind rumgedreht. Lydia outet sich als »Gottesfürchtige«? »Na ja«, erzählt sie den dreien: »Meine Kundinnen drehen sich vorm Spiegel und fragen: ›Kann ich so gehen?‹ Ich drehe mich innerlich vorm Spiegel der Zehn Gebote und sage jedes Mal: ›So kannste nicht gehen. Zu Gott jedenfalls nicht.‹«

Was Paulus, Silas und Lukas ihr daraufhin über die »Rechtfertigung durch Christus« vermutlich gesagt haben, steht später im Römerbrief. Aber was passiert jetzt atmosphärisch? »Ihr ging das Herz auf.«

Und spirituell? »Sie ließ sich taufen.« Kulturell? »Wenn ihr überzeugt seid, dass ich glaube, dann kommt in mein Haus.« Paulus, kluger Denker, folgte einer irrationalen Intuition. Suchte Traum-Mann, fand Geschäftsfrau. Die erste Christengemeinde Europas begann in einem Klamottenladen.

In der Nacht hatte Paulus eine Erscheinung. Ein Mann aus Makedonien stand vor ihm und bat: »Komm herüber nach Makedonien und hilf uns!« Gleich nachdem Paulus die Erscheinung gehabt hatte, suchten wir nach einer Möglichkeit, um nach Makedonien zu gelangen. Denn wir waren sicher: Gott hatte uns dazu berufen, den Menschen dort die Gute Nachricht zu verkünden. Wir gingen nach Philippi. Das ist eine bedeutende Stadt und eine römische Kolonie. Hier blieben wir einige Zeit. Am Sabbat gingen wir durch das Stadttor hinaus an den Fluss. Wir nahmen an, dass dort eine jüdische Gebetsstätte war. Wir setzten uns und sprachen zu den Frauen, die dort zusammengekommen waren. Unter den Zuhörerinnen war auch eine Frau namens Lydia. Sie handelte mit Purpurstoffen und kam aus der Stadt Thyatira. Lydia glaubte an den Gott Israels. Der Herr öffnete ihr das Herz, sodass sie den Worten von Paulus aufmerksam zuhörte. Sie ließ sich taufen zusammen mit ihrer ganzen Hausgemeinschaft. Danach bat sie: »Wenn ihr überzeugt seid, dass ich wirklich an den Herrn glaube, dann kommt in mein Haus. Ihr könnt bei mir wohnen!« Sie drängte uns, die Einladung anzunehmen.

# 105 Was philosophiert der da?

*Neuer Poetry Slam*

Liebe Athener des 21. Jahrhunderts! Wenn wir »Götter« mal als etwas definieren, wovon ihr Sicherheit, Erfolg, Gesundheit und Glück erwartet, als solche, die irre viel Macht haben und denen ihr bereitwillig Opfer bringt, dann stehen auf oder um eure »Areopag«-Marktplätze ihre Tempel. Konsumtempel, Versicherungs-, Banken- und Bürotürme, Wellnesstempel und Sportkathedralen. Vor und unter diesen immobilen Gottheiten parken die kleinen oder dicken automobilen Götzen, und was zu meiner Zeit – gestatten: Paulus, Apostel, 1. Jahrhundert – Götterstatuen waren, sind bei euch die weltweit gleichen Konzern- und Markenlogos. Mächtige, fast heilige Symbole.

Plus die »Sicherheitshalber-man-kann-ja-nie-wissen-Glücksbringer« wie Hufeisen, Babyschuhe, Amulette, Traumfänger und Tattoos.

Klar: »Unbekannt« ist Gott, weil er genauso wenig sinnfällig ist wie Röntgenstrahlen, Bakterien oder UMTS-Frequenzen. Obwohl er alles erschaffen hat, wir »in ihm leben und göttlichen Ursprungs sind«, können Menschen nichts Gesichertes über ihn wissen und haben ihn ignoriert. Ich sag euch was: Dieser »Unbekannte« ist auf eine Frequenz gegangen, die wir empfangen können: Jesus Christus, auferweckt von den Toten und eingesetzt als Weltenrichter der Gerechtigkeit. Von *ihm* das Lebensglück im Diesseits erwarten und sich *durch ihn* verantworten können im Jenseits – das ist schon eine andere Nummer als »Bilder aus Gold, Silber oder Stein«, stimmt's? Danke. Amen.

Kommentarspalte: Für Paulus nicht ganz ungefährlich, da man 399 vor Christus genau hier den Philosophen Sokrates gezwungen hatte, den Schierlingsbecher zu trinken, weil er »neue fremde Götter« eingeführt hätte.

Paulus trat in die Mitte des Areopags und sagte: »Ihr Bürger von Athen! Ihr seid sehr fromme Leute. Ich habe mir eure heiligen Stätten angeschaut. Dabei habe ich auch einen Altar gefunden, auf dem stand: ›Für einen unbekannten Gott‹. Das, was ihr da verehrt, das verkünde ich euch. Es ist der Gott, der die Welt geschaffen hat. Er wohnt nicht in von Menschen gemachten Tempeln. Er ist es, der uns allen das Leben, den Atem und alles andere schenkt. Keinem von uns ist er fern. Durch ihn leben wir, bewegen uns und haben unser Dasein. Die Gottheit gleicht keineswegs Bildern aus Gold, Silber oder Stein.
Jetzt fordert Gott alle Menschen auf, ihr Leben zu ändern. Denn er hat einen Tag festgesetzt, um über die ganze Welt zu richten. Dann wird er Gerechtigkeit walten lassen – durch den Mann, den er dazu bestimmt hat. Dass dieser Mann wirklich dafür bestimmt ist, hat Gott allen Menschen durch dessen Auferstehung von den Toten bewiesen.«
Als Paulus von der Auferstehung der Toten sprach, lachten ihn einige seiner Zuhörer aus. Andere sagten: »Darüber wollen wir ein andermal mehr hören!« So verließ Paulus die Versammlung. Einige Leute schlossen sich ihm an und kamen zum Glauben.

# 106 Ungenügend!

*Wohin mit dem Rechtfertigungsdruck?*

Stellen Sie sich mit halbem Grillhähnchen und Pommes rot-weiß vor einen Veganer-Biomarkt? Kaufen Sie lebende Forellen neben dem Infostand militanter Tierschützer? Rauchen Sie vor dem Fitnessstudio? Lieber nicht. Der Rechtfertigungsdruck ist zu groß. »Igitt, wie kannst du nur …!«

In Rom um 50 nach Christus leben streng religiöse Juden, die ihre hunderterlei Gesetze zwar gut finden, aber oft nicht erfüllen und sich deshalb mies fühlen. Und libertinäre Nichtjuden aller Herren Länder – ihr Motto ist: »Gut ist, was guttut« –, die sich arg egoistisch finden und deshalb auch mies fühlen. »Ich schäme mich nicht«, sagt Paulus, und die Rückfrage: »Wieso, bist du immer perfekt?«, beantwortet er mit: »Nö, aber das Evangelium macht Juden und Griechen, also alle frei, sich selbst anzunehmen.«

Eine aktuelle Frage bis heute: »Wann bin ich okay? Womit kann ich Gott und die Mitmenschen zufriedenstellen und mir selbst in die Augen schauen? Man kann doch nicht allen gerecht werden, Menschenskind.« – »Stimmt«, schreibt Paulus, »aber du kannst gerechtfertigt werden.« Indem du dich darauf berufst, dass Jesus alles erfüllt hat, was du halbherzig, halbfertig, unerfüllt lassen musst. Sei vergnügt. Du genügst. Weil du Gott genügst.

Moment. Das ist ja ein radikal anderes Verständnis von »Gerechtigkeit«? Eben. Gott steht nicht am Spielfeldrand unseres (Über-) Lebenskampfes und hält die Tafel »Ungenügend!« hoch, sondern ihm ist jeder recht – und gültig gerechtfertigt –, der »aus Glauben lebt«.

Sich selbst dauernd moralisch ungenügend finden kann in Depression oder Suchterkrankung führen. Sich selbst immer auf die Schulter klopfen führt zu Egozentrik, Bindungsunfähigkeit und Vereinsamung. Der Glaube, sagt Paulus, beendet sowohl die Selbstverurteilung als auch die Selbstgerechtigkeit. Als Martin Luther das las, erfand er die evangelische Kirche. Aber das ist eine andere Geschichte …

Ich will euch aber nicht verschweigen, Brüder und Schwestern, dass ich mir oft vorgenommen habe, zu euch zu kommen – wurde aber bisher gehindert –, damit ich auch unter euch Frucht schaffe wie unter andern Heiden. Griechen und Nichtgriechen, Weisen und Nichtweisen bin ich es schuldig; darum, soviel an mir liegt, bin ich willens, auch euch in Rom das Evangelium zu predigen. Denn ich schäme mich des Evangeliums nicht; denn es ist eine Kraft Gottes, die selig macht alle, die glauben, die Juden zuerst und ebenso die Griechen. Denn darin wird offenbart die Gerechtigkeit, die vor Gott gilt, welche kommt aus Glauben in Glauben; wie geschrieben steht: »Der Gerechte wird aus Glauben leben.«

# 107 Eine Zu-Mutung!

*Teurer Trost gegen billigen*

Sie hatten ihre sechsjährige Tochter am Ufer des Waldsees höchstens fünf Minuten aus den Augen gelassen. Das reichte dem Triebtäter, sie zu entführen. In einer Gartenlaube erst monatelang vergewaltigt und dabei gefilmt, ertränkte er das Kind schließlich im See.

Würde Paulus diesem Elternpaar, das, was er hier schreibt, auch ins Gesicht sagen? All den KZ-Überlebenden, Kriegsflüchtlingen, den Folteropfern der vielen Terrordiktatoren früher wie heute? Den Eltern schwerstbehinderter Kinder, den Unfall-Invaliden, Krebskranken, den Suizidgefährdeten? Ist dieser millionenfach und seit 2.000 Jahren bei Beerdigungen rezitierte Text ein billiges Trösterchen oder eine Zu-Mutung im Wortsinn: Der Zuspruch und Mut-Anfall, dass Gott selbst in Christus mitleidet, mittrauert, mitaushält? Dass es kein namenloses, sondern nur namhaftes Leid gibt?

Paulus sortiert das Elend nicht nach schuldhaft und schicksalhaft entstanden. »Ich bin gewiss …« verspricht ja keine fromme Unfallversicherung, keine »Securitas«, sondern bekennt eine »Certitudo«, eine Gewissheit. Im Sinne von »aus Erfahrung zuversichtlich vertrauend«.

Wen meint er mit »irgendeine Kreatur« in der Aufzählung (un-) vorstellbarer Leidverursacher? Sich selbst? Das schreibt ja der Ex-Geheimdienst-Killer Paulus (Apostelgeschichte 9)! Er war ja mal Täter. Konnte sich vor Scham nicht mehr in die Augen schauen. Dann vergewissert der Text die verwaisten Eltern auch gegen ihre Selbstvorwürfe? »Nicht mal du selbst und deine Schuld können dich scheiden von der Liebe Gottes, die in Christus Jesus ist.«

Paulus weiß noch nicht, dass der gerade inthronisierte römische Kaiser Nero die Christen für den Brand der Stadt verantwortlich machen und sie als lebende Fackeln in seinem Garten aufstellen wird. Ein Pogrom im Jahre 64, bei dem auch der Trostbrief-Schreiber qualvoll zu Tode kommen wird.

Wer will uns scheiden von der Liebe Christi? Trübsal oder Angst oder Verfolgung oder Hunger oder Blöße oder Gefahr oder Schwert? Wie geschrieben steht: »Um deinetwillen werden wir getötet den ganzen Tag; wir sind geachtet wie Schlachtschafe.« Aber in dem allen überwinden wir weit durch den, der uns geliebt hat. Denn ich bin gewiss, dass weder Tod noch Leben, weder Engel noch Mächte noch Gewalten, weder Gegenwärtiges noch Zukünftiges, weder Hohes noch Tiefes noch irgendeine andere Kreatur uns scheiden kann von der Liebe Gottes, die in Christus Jesus ist, unserm Herrn.

# 108 Die Hoffnung …

*… stirbt gar nicht zuletzt*

Solange noch irgendwo Goethes »Faust« oder Schillers »Räuber« aufgeführt werden, »ersteht der Autor quasi in seinen Worten wieder auf«, stimmt's? Mag sein, sagt Paulus, aber im Gottesdienst inszenieren wir nicht die weisen Worte eines Verstorbenen, sondern feiern die reale Anwesenheit eines Lebenden! Das bezweifeln die Christen in Korinth.

Und Paulus holt beim Briefschreiben so tief Luft, dass die Puste bis zu unseren modern-aufgeklärten Vorbehalten gegen die Auferstehung reicht: Jesus *ist gestorben* (lag nicht komatös darnieder), er *wurde begraben* (kein Double), er *ist auferweckt* worden (analogielos, gab's noch nie) und *ist gesehen* worden (nicht nur lebhaft imaginiert)!

»Kephas« Petrus hat ihn gesehen, »die Zwölf« haben ihn gesehen, »mehr als 500 Brüder« auch. Plus Schwestern, also sehr viele. Und jeder Kommissar wird zugeben: dass mehr als 500 Zeugen übereinstimmend lügen, ist selten.

»Jakobus«, einer der leiblichen Brüder Jesu (Matthäus 13,55), hat ihn auch gesehen? Hui, das wiegt schwer. Der glaubte doch erst gar nicht an ihn (Johannes 7,5). Und zum Schluss: Ich Miststück von einem Christenverfolger hab ihn auch gesehen!

Was bedeutet das? Hätte es um 60 nach Christus schon Lokomotiven gegeben, könnte man sagen:

Ja, ich muss unweigerlich in den stockdunklen Tunnel des Todes hinein. Wenn ich aber die Lok auf der anderen Seite schon rausfahren sehe, wird sie auch mich als ihren Anhänger mit hinausziehen. Ich hoffe auf ein (wie auch immer geartetes) Leben nach dem Tod! Nicht aufgrund religiöser Spekulationen, sondern wegen der Anhängerkupplung. »Gnade« nennt Paulus die. Weil Christus mich »dazugehörig« angekuppelt hat, werde auch ich auferstehen. Ohne diese von Gott geschaffene Voraussetzung wären Glaube und Kirche nur Theater.

Was ich euch weitergegeben habe, habe ich selbst als Überlieferung empfangen. Grundlegend ist: Christus ist für unsere Sünden gestorben, wie es in der Heiligen Schrift steht. Er wurde begraben und am dritten Tag auferweckt, wie es in der Heiligen Schrift steht. Er hat sich Kephas gezeigt, danach auch den Zwölf. Später zeigte er sich über 500 Brüdern und Schwestern auf einmal. Die meisten von ihnen sind noch am Leben, einige sind aber gestorben. Danach hat er sich Jakobus gezeigt, schließlich allen Aposteln. Ganz zuletzt hat er sich auch mir gezeigt – also gleichsam einem Missratenen. Ich bin nämlich der unwürdigste unter den Aposteln. Ich verdiene es nicht, Apostel genannt zu werden. Denn ich habe die Gemeinde Gottes verfolgt. Aber durch die Gnade Gottes bin ich, was ich bin. Nun lautet die Verkündigung: »Christus wurde vom Tod auferweckt!« Wie können dann einige von euch sagen: »Es gibt keine Auferstehung der Toten«? Wenn es nämlich keine Auferstehung der Toten gibt, dann wurde auch Christus nicht auferweckt. Wenn aber Christus nicht auferweckt wurde, dann hat unsere Verkündigung keinen Sinn. Auch euer Glaube ist dann sinnlos.

# 109_Zornig für die Freiheit …

*… mit deftigem Witz*

Nach jahrelangem Für und Wider endlich eine Entscheidung! Vorstand und Aufsichtsrat haben zugestimmt, der Laden brummt – aber klammheimlich durchlöchern ein paar Mitarbeitende den Beschluss, machen alles wieder rückgängig? Dann knallt's aber auf der Chefetage, oder?!

Die Sache war entschieden: Egal, aus welchen Ethnien und Herkunftsreligionen jemand kommt – wer an Jesus glaubt, ist Christ, basta. Er muss also kein Jude werden durch Beschneidung, muss nicht alle mosaischen Gesetze befolgen. Als bei den »Galatern« – vielleicht »gälische« Kelten? – rund um das heutige Ankara einige Leute predigen: »Na ja, besser wär's schon«, da rastet Paulus aus. So sehr, dass er einen dreckigen Witz reißt: »Wem die Beschneidung so wichtig ist, kann sich ja gleich kastrieren!«

Wütend macht ihn a) die Angstmache, Gottes Vergebung durch Jesus am Kreuz würde doch nicht ganz genügen und »gerechtfertigt« bei Gott sei man erst durch absolute moralische Korrektheit. Ihn ärgert b) der Stolz, durch gesetzestreues Bravsein den Tod Jesu und die Gnade Gottes menschlich ergänzen zu können.

Angst (vor dem Endgericht im Jenseits) und Stolz (auf die eigene Anständigkeit) sind Triebfedern aller religiösen Gruppen, die sich für »allein seligmachend« halten. Heraus kommt das Hamsterrad, den moralischen Ansprüchen niemals ganz gerecht zu werden. Gottesbeziehung durch Selbstoptimierung? Nee, schnaubt Paulus, durch Glaube und Liebe. Und dann ab in die »Freiheit eines Christenmenschen«, wie Martin Luther sagte. Kommt dabei nicht verantwortungslose Gesetzlosigkeit heraus, zügellose Libertinage, Chaos, Anarchie? Nö, sagt Paulus, wer Jesus vertraut, wird »liebevoll tätig sein« und aus Dankbarkeit und Einsicht verantwortlich leben.

Christus hat uns befreit, damit wir endgültig frei sind. Bleibt also standhaft und unterwerft euch nicht wieder dem Joch der Sklaverei! Ich, Paulus, sage euch: Wenn ihr euch beschneiden lasst, wird Christus euch nichts nützen. Ich sage es noch einmal: Wer sich beschneiden lässt, ist verpflichtet, das ganze Gesetz einzuhalten. Ihr habt dann mit Christus nichts mehr zu tun. Jeder, der durch das Gesetz vor Gott als gerecht gelten will, hat damit die Gnade verspielt. Wir aber dürfen durch den Geist Gottes hoffen, aufgrund des Glaubens vor Gott als gerecht zu gelten. Denn wenn wir zu Christus Jesus gehören, spielt es keine Rolle, ob jemand beschnitten ist oder nicht. Es zählt nur der Glaube, der sich in Liebe auswirkt.

Ihr kamt so gut voran! Was man euch da einreden will, kommt nicht von dem, der euch beruft. Schon ein wenig Sauerteig macht den ganzen Teig sauer. Doch wer immer euch aufhetzt, wird seine Strafe bekommen – ganz gleich, wer es ist. Dann wäre doch der Anstoß beseitigt, den das Kreuz erregt! Die Leute, die bei euch Unruhe stiften, sollten sich doch gleich kastrieren lassen!

# 110_Hat's geklopft?

*Zum Kotzen faule Kompromisse*

Das Kitschgemälde vom an die Tür klopfenden Heiland Jesus im weinroten Priestermantel mit Hirtenstab und Heiligenschein gibt's auf Trödelmärkten. Irgendwie niedlich. Dabei sieht Visionär Johannes in einer tranceartigen »Offenbarung« eine erschreckende Lichtgestalt, die ihm Instruktionen für sieben Christengruppen rund ums östliche Mittelmeer diktiert.

Laodizea (heute Latakia/Syrien) war zu stolz, nach dem Erdbeben 61 nach Christus Wiederaufbau-Subventionen aus Rom anzunehmen. Banken, Textilindustrie und medizinische Hochschule in Laodizea boomen. Der Text spielt darauf an: Gott will goldene Herzen statt Geldvermögen, reine Motive statt Fashionlook, geistlichen Durchblick statt Augensalbe. Eine Gemeinde, die sagt, sie hat doch alles, hat sie nicht mehr alle! Gute Geschäfte gehen nicht immer mit gutem Gewissen? Prinzipien muss man biegen können? Zum Kotzen! Steht da wörtlich auf Griechisch.

Na ja, sagen die Laodizäer, wer gut schmiert, fährt halt gut. Nächstenliebe zum Beispiel bringt ja auch Nachteile. Lobt Jesus also die radikalen Hardliner und pedantischen Fundis? Nein. Aber die Grenze zwischen vorteilhafter Kooperation und lauwarmer Prinzipienlosigkeit ist hauchdünn. Rechtzeitig sehen kann sie nur ein geschärftes Gewissen. Ein reines Herz wie geläutertes Gold oder schneeweißes Leinen. Und dann wandelt sich der zornig Kotzende zu einem sanften Bittsteller: Er klopft an mein Innerstes – Gefühl und Verstand, Gemüt und Haltung –, und ich muss mich entscheiden: aufmachen oder totstellen? Ob ich mein »Herz öffne« oder nicht, bleibt mir überlassen.

Die Alternative zum viel belächelten Türklopfer-Heiland vom Flohmarkt-Gemälde ist der Sensenmann mit schwarzer Kapuze. Gevatter Tod, der erst nur klopft und dann die Tür eintritt. Brachial, grausam, unerbittlich. Jesus dagegen bittet zu Tisch. Diesseits und jenseits des Todes.

Schreib an den Engel der Gemeinde in Laodizea: »So spricht der, der das Amen ist, der treue und wahrhaftige Zeuge, der Anfang von Gottes Schöpfung: Ich kenne deine Taten. Du bist weder kalt noch heiß. Ach, wärst du doch kalt oder heiß! Doch du bist lauwarm, weder heiß noch kalt. Darum will ich dich aus meinem Mund ausspucken. Du sagst: Ich bin reich, habe alles im Überfluss und mir fehlt es an nichts. Dabei weißt du gar nicht, wie unglücklich du eigentlich bist, bedauernswert, arm, blind und nackt. Ich gebe dir einen Rat: Kauf Gold von mir, das im Feuer gereinigt wurde. Dann bist du wirklich reich! Und kauf weiße Kleider, damit du etwas anzuziehen hast. Sonst stehst du nackt da und musst dich schämen! Kauf außerdem Salbe und streich sie auf deine Augen. Denn du sollst klar sehen können! Alle, die ich liebe, weise ich zurecht und erziehe sie streng. Mach also Ernst und ändere dich. Hör doch! Ich stehe vor der Tür und klopfe an. Wer meine Stimme hört und die Tür öffnet, bei dem werde ich eintreten. Ich werde mit ihm das Mahl einnehmen und er mit mir.«

# 111 Nicht erst an Sankt Nimmerlein

*Der Sieger, sehr entgegenkommend*

»Es ist unbeschreiblich!«, sagen wir oft und müssten danach eigentlich schweigen. Weil's ja unbeschreiblich, unsagbar, unvorstellbar ist. Wenn wir trotzdem weiterreden, dann so wie der »Seher« Johannes. Der sieht – in Trance, in Ekstase, im »Außersichsein« – die jenseitige Welt und künftige kosmische Ereignisse.

Und er beschreibt sie jetzt mit Bildern und Vergleichen, die seine Leserschaft kennen könnte: ein Buch, ein Engel, ein Baum, eine Stadt, ein Stern, eine Braut – wie soll er's anders machen, wenn er das Unvorstellbare hörte und sah?

18 der 22 Kapitel des letzten Buches der Bibel sehen aus wie ein Fantasy-Blockbuster vor Erfindung der Computeranimation. Jahrhundertelang haben sich Maler, Dichter, Sektierer und Apokalyptiker aus ihrem Sprach- und Bilderschatz bedient, dabei lässt sich Johannes' Schlusswort sehr nüchtern zusammenfassen: Jesus Christus, der Auferstandene, wird wiederkommen und Gericht halten über jedes Menschenleben. Gut, wenn man das nicht fürchten muss, sondern herbeiwünschen kann.

Moment: wiederkommen? Ist er bei der sogenannten »Himmelfahrt« nicht deshalb aus Zeit und Raum hinausgetreten, um allen Menschen an allen Orten jederzeit gleich nah zu sein? Sagte er nicht selbst: »Ich *bin bei euch* bis ans Ende der Welt«? Ja, sagt Buchautor Johannes, aber eben unsichtbar. Dann aber wird seine Präsenz »offenbar« werden. Der oft belächelte Wunsch nach einer »neuen Welt« – die uralte Sehnsucht des Judentums nach dem Friedensreich des Messias und die jahrtausendelange Hoffnung des Christentums auf »himmlische Gerechtigkeit« – die verdichten und realisieren sich dann wie die Liebe eines Paares im Moment der Hochzeit.

Wann? Bald, sagt Johannes. Aber was ist bald nach den Maßstäben des Universums? Bis dahin bleibt viel zu wünschen übrig.

Christus spricht: »Gebt acht: Ich komme bald! Und den Lohn bringe ich mit. Ich werde jedem das geben, was seinem Handeln entspricht. Ich bin das Alpha und das Omega, der Erste und der Letzte, der Anfang und das Ende. Glückselig ist, wer seine Kleidung reinwäscht. Er hat ein Anrecht auf den Baum des Lebens. Und er darf durch die Tore in die Stadt hineingehen. Ich bin der Spross aus der Wurzel Davids, sein Nachkomme. Ich bin der helle Morgenstern.«
Er, der für all das als Zeuge einsteht, sagt: »Ja, ich komme bald.« Amen. Komm, Herr Jesus! Die Gnade des Herrn Jesus sei mit allen!

Rüdiger Liedtke
**111 Heilige im Rheinland, die man kennen muss**
ISBN 978-3-7408-0886-0

Monika Schmitz, Britta Schmitz
**111 Kölner Kirchen, die man gesehen haben muss**
ISBN 978-3-7408-0991-1

Laszlo Trankovits
**111 Orte in Jerusalem, die man gesehen haben muss**
ISBN 978-3-7408-0390-2

Andrea Livnat,
Angelika Baumgartner
**111 Orte in Tel Aviv, die man gesehen haben muss**
ISBN 978-3-7408-0725-2

Kay Walter, Rüdiger Liedtke
**111 Orte in Brüssel, die man gesehen haben muss**
ISBN 978-3-7408-0128-1

Julia Csabai,
Daliani Georgieva Georgieva
**111 Orte in Sofia, die man gesehen haben muss**
ISBN 978-3-7408-0862-4

Jan Gralle, Vibe Skytte,
Kurt Rodahl Hoppe
**111 Orte in Kopenhagen, die man gesehen haben muss**
ISBN 978-3-7408-0243-1

Lucia Jay von Seldeneck,
Verena Eidel, Carolin Huder
**111 Orte in Berlin, die man gesehen haben muss**
ISBN 978-3-7408-1097-9

Tarja Prüss, Juha Metso
**111 Orte in Helsinki, die man gesehen haben muss**
ISBN 978-3-7408-0342-1

Sybil Canac, Renée Grimaud, Katia Thomas
**111 Orte in Paris, die man gesehen haben muss**
ISBN 978-3-95451-847-0

Alexia Amvrazi, Diana Farr Louis, Diane Shugart, Yannis Varouhakis
**111 Orte in Athen, die man gesehen haben muss**
ISBN 978-3-7408-0560-9

Frank McNally, Róisín McNally
**111 Orte in Dublin, die man gesehen haben muss**
ISBN 978-3-95451-853-1

Annett Klingner
**111 Orte in Rom, die man gesehen haben muss**
ISBN 978-3-95451-219-5

Ranka Keser
**111 Orte in Kroatien, die man gesehen haben muss**
ISBN 978-3-7408-0557-9

Kai Oidtmann
**111 Orte in Island, die man gesehen haben muss**
ISBN 978-3-95451-829-6

Joscha Remus
**111 Orte in Luxemburg (Stadt), die man gesehen haben muss**
ISBN 978-3-7408-0363-6

Thomas Fuchs
**111 Orte in Amsterdam, die man gesehen haben muss**
ISBN 978-3-95451-209-6

Karl Haimel, Peter Eickhoff
**111 Orte in Wien, die man gesehen haben muss**
ISBN 978-3-7408-0746-7

Kathleen Becker
**111 Orte in Lissabon, die man gesehen haben muss**
ISBN 978-3-7408-0244-8

Jeroen Kuiper
**111 Orte in Warschau, die man gesehen haben muss**
ISBN 978-3-7408-0978-2

Holger Grumt Suárez,
Rolando Grumt Suárez
**111 Orte in Barcelona, die man gesehen haben muss**
ISBN 978-3-7408-0994-2

Matěj Černý, Marie Peřinová
**111 Orte in Prag, die man gesehen haben muss**
ISBN 978-3-95451-927-9

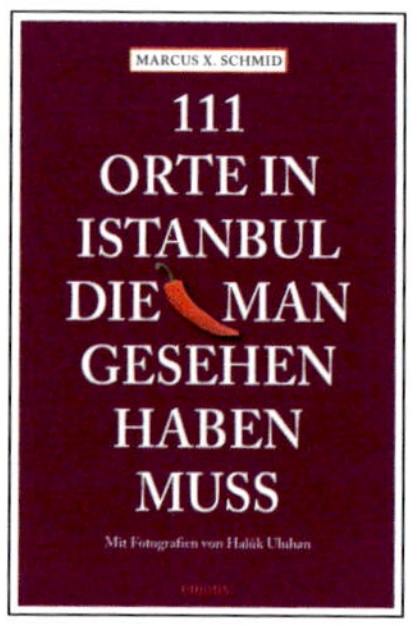


Halûk Uluhan, Marcus X. Schmid
**111 Orte in Istanbul, die man gesehen haben muss**
ISBN 978-3-95451-333-8

Dorothee Fleischmann,
Carolina Kalvelage
**111 Orte in Budapest, die man gesehen haben muss**
ISBN 978-3-7408-0877-8

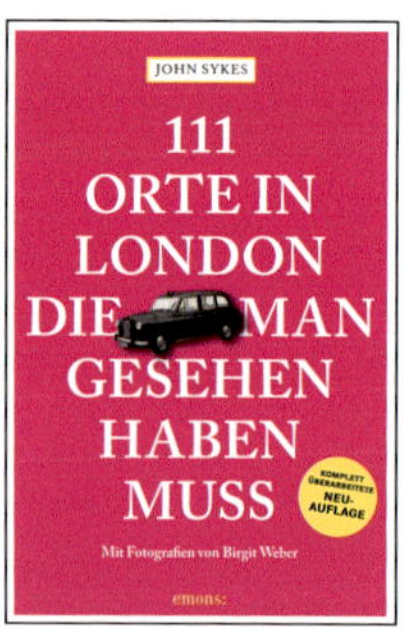


John Sykes, Birgit Weber
**111 Orte in London, die man gesehen haben muss**
ISBN 978-3-7408-0970-6

Fabrizio Ardito
**111 Orte auf Malta, die man gesehen haben muss**
ISBN 978-3-7408-0356-8

Cornelia Lohs
**111 Orte in Bern, die man gesehen haben muss**
ISBN 978-3-95451-669-8

Lena Gracheva, Irene Hanappi
**111 Orte in Moskau, die man gesehen haben muss**
ISBN 978-3-7408-0993-5

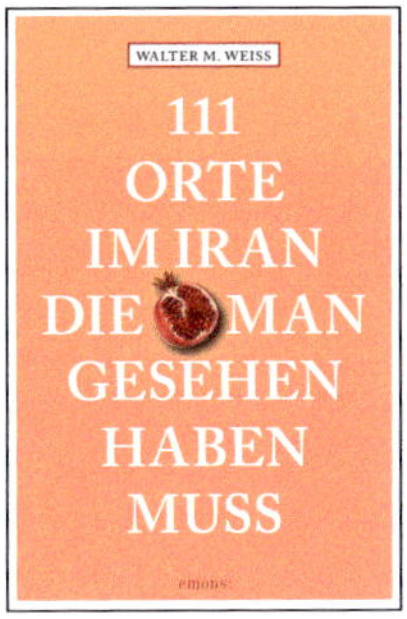


Walter M. Weiss
**111 Orte im Iran, die man gesehen haben muss**
ISBN 978-3-7408-0402-2

Annett Klingner
**111 Orte in Dubai, die man gesehen haben muss**
ISBN 978-3-7408-0647-7

Maria Teresa Carbone
**111 Hunde, die man kennen muss**
ISBN 978-3-7408-0477-0

Elke Pistor
**111 Katzen, die man kennen muss**
ISBN 978-3-95451-830-2

Monika Mansour
**111 Pferde, die man kennen muss**
ISBN 978-3-7408-0444-2

Holger Grumt Suárez, Rolando Suárez
**111 Insekten, die täglich unsere Welt retten**
ISBN 978-3-7408-0628-6

Theo Pagel, Brian Batstone
**111 Dinge über Elefanten, die man wissen muss**
ISBN 978-3-7408-0349-0

Theo Pagel, Christoph Schütt
**111 Geschichten aus dem Kölner Zoo, die man kennen muss**
ISBN 978-3-7408-0853-2

## Fotonachweis

Kap. 1: shutterstock.com/Dima Zel
Kap. 2: unsplash.com/bhuvanesh gupta
Kap. 3: pixabay.com/PCExotics
Kap. 4: shutterstock.com/Zvonimir Atletic
Kap. 5: pixabay.com/GregReese
Kap. 6: pixabay.com/mailanmaik
Kap. 7: pixabay.com/dratelhemat
Kap. 8: pixabay.com/GregMontani
Kap. 9: shutterstock.com/Zurijeta
Kap. 10: shutterstock.com/Diego Cervo
Kap. 11: shutterstock.com/Damira
Kap. 12: shutterstock.com/Zvonimir Atletic
Kap. 13: shutterstock.com/Ariyani Tedjo
Kap. 14: pixabay.com/farahjamalalfatly
Kap. 15: mauritius images/The Picture Art Collection/Alamy
Kap. 16: shutterstock.com/Hairem
Kap. 17: shutterstock.com/Evgeny Savchenko
Kap. 18: shutterstock.com/Mihai Surdu
Kap. 19: shutterstock.com/Andrii Yalanskyi
Kap. 20: mauritius images/BAO/imageBROKER
Kap. 21: shutterstock.com/Pol Sole
Kap. 22: shutterstock.com/Nicku
Kap. 23: pixabay.com/Annabel_P
Kap. 24: pixabay.com/Werbefuzzy68
Kap. 25: shutterstock.com/MidoSemsem
Kap. 26: shutterstock.com/PhotoStock-Israel
Kap. 27: shutterstock.com/Rocksweeper
Kap. 28: pixabay.com/pixel2013
Kap. 29: shutterstock.com/MichaelJayBerlin
Kap. 30: pixabay.com/Nawalescape
Kap. 31: pixabay.com/Keram1958
Kap. 32: pixabay.com/andreamaraldg
Kap. 33: shutterstock.com/Yeung Man Chun
Kap. 34: shutterstock.com/Milan Ilic Photographer
Kap. 35: shutterstock.com/Photographee.eu
Kap. 36: pixabay.com/tale70
Kap. 37: pixabay.com/oleg_mit
Kap. 38: shutterstock.com/James Steidl
Kap. 39: pixabay.com/Orischak

Kap. 40: shutterstock.com/bibiphoto
Kap. 41: shutterstock.com/ruskpp
Kap. 42: pixabay.com/vargazs
Kap. 43: pixabay.com/lucasgeorgewendt
Kap. 44: pixabay.com/stafichukanatoly
Kap. 45: pixabay.com/EvgeniT
Kap. 46: pixabay.com/Myriams-Fotos
Kap. 47: pixabay.com/Giuliamar
Kap. 48: shutterstock.com/Zvonimir Atletic
Kap. 49: pixabay.com/Pexels
Kap. 50: pixabay.com/dmparanoid0
Kap. 51: pixabay.com/byrev
Kap. 52: pixabay.com/Phghvvcftyyufj
Kap. 53: pixabay.com/Leo
Kap. 54: pixabay.com/Pexels
Kap. 55: pixabay.com/dodo71
Kap. 56: shutterstock.com/snowyns
Kap. 57: pixabay.com/kellregis
Kap. 58: pixabay.com/falco
Kap. 59: pixabay.com/Free-Photos
Kap. 60: mauritius images/Artokoloro/Alamy
Kap. 61: shutterstock.com/FooTToo
Kap. 62: pixabay.com/debowscyfoto
Kap. 63: pixabay.com/maaci
Kap. 64: pixabay.com/zapCulture
Kap. 65: pixabay.com/congerdesign
Kap. 66: pixabay.com/Asinno
Kap. 67: pixabay.com/ymkaaaaaa
Kap. 68: pixabay.com/DerWeg
Kap. 69: pixabay.com/stux
Kap. 70: shutterstock.com/Phovoir
Kap. 71: shutterstock.com/Abramova Elizaveta
Kap. 72: shutterstock.com/Gap_Abstracture
Kap. 73: shutterstock.com/MJTH
Kap. 74: pixabay.com/pixelcreatures
Kap. 75: shutterstock.com/ParthPrajapati
Kap. 76: pixabay.com/4311868
Kap. 77: pixabay.com/falco
Kap. 78: pixabay,com/pumukel
Kap. 79: shutterstock.com/sommart sombutwanitkul
Kap. 80: pixabay.com/ulleo

Kap. 81: shutterstock.com/Fabio Tirado
Kap. 82: pixabay.com/YHBae
Kap. 83: pixabay.com/fietzfotos
Kap. 84: pixabay.com/HeikoDoerr
Kap. 85: pixabay.com/LunarSeaArt
Kap. 86: WikimediaCommons/The Arrest of Christ/Giotto di Bondone
Kap. 87: pixabay.com/DerSilent
Kap. 88: unsplash.com/Nathan Dumlao
Kap. 89: pixabay.com/paulclee
Kap. 90: pixabay.com/hbieser
Kap. 91: shutterstock.com/Nicku
Kap. 92: pixabay.com/lehollaender
Kap. 93: pixabay.com/silviarita
Kap. 94: mauritius images/Incamerastock/Alamy
Kap. 95: unsplash.com/Joel Muniz
Kap. 96: pixabay.com/papazachariasa
Kap. 97: pixabay.com/cocoparisienne
Kap. 98: pixabay.com/pixel2013
Kap. 99: pixabay.com/ry_br
Kap. 100: WikimediaCommons/St. Stephan/Carlo Crivelli
Kap. 101: unsplash.com/Allison Carter
Kap. 102: WikimediaCommons/Gemälde der Cerasi-Kapelle/Szene Bekehrung Sauli/Caravaggio
Kap. 103: pixabay.com/Hans
Kap. 104: pixabay.com/Hugh_Grant
Kap. 105: pixabay.com/Anestiev
Kap. 106: WikimediaCommons/St. Paul/Bartolomeo Montagna
Kap. 107: shutterstock.com/Jeremiah Castelo
Kap. 108: unsplash.com/Claudia Soraya
Kap. 109: pixabay.com/GregReese
Kap. 110: shutterstock.com/hramikona
Kap. 111: shutterstock.com/sharptoyou

**Andreas Malessa** ist Hörfunkjournalist bei ARD-Sendern, evangelischer Theologe, Buchautor von Sachbüchern, Biografien und satirischen Kurzgeschichten. Seine TV-Talkformate, Dokumentarfilme, Hörbücher, Vorträge und die Musicals »Amazing Grace« und »Martin Luther King« aus seiner Feder stehen für Kompetenz und Humor. Auch, wenn es um die Interpretation biblischer Texte geht.